山水田园

人居环境编委会　编著

中国大百科全书出版社

图书在版编目（CIP）数据

山水田园 / 人居环境编委会编著 . -- 北京 ： 中国
大百科全书出版社， 2025. 1. --（人居环境）. -- ISBN
978-7-5202-1831-3

Ⅰ . K92-49

中国国家版本馆 CIP 数据核字第 2025TC0042 号

总 策 划：刘　杭　郭继艳
策划编辑：张志芳
责任编辑：李　娜
责任校对：闫　娇
责任印制：王亚青
出版发行：中国大百科全书出版社有限公司
地　　址：北京市西城区阜成门北大街 17 号
邮政编码：100037
电　　话：010-88390811
网　　址：http://www.ecph.com.cn
印　　刷：唐山富达印务有限公司
开　　本：710mm×1000mm　1/16
印　　张：10
字　　数：100 千字
版　　次：2025 年 1 月第 1 版
印　　次：2025 年 1 月第 1 次印刷
书　　号：ISBN 978-7-5202-1831-3
定　　价：48.00 元

本书如有印装质量问题，可与出版社联系调换。

总　序

　　这是一套面向大众、根植于《中国大百科全书》第三版（以下简称百科三版）的百科通俗读物。

　　百科全书是概要记述人类一切门类知识或某一门类知识的完备的工具书。它的主要作用是供人们随时查检需要的知识和事实资料，还具有扩大读者知识视野和帮助人们系统求知的教育作用，常被誉为"没有围墙的大学"。简而言之，它是回答问题的书，是扩展知识的书。

　　中国大百科全书出版社从 1978 年起，陆续编纂出版了《中国大百科全书》第一版、第二版和第三版。这是我国科学文化建设的一项重要基础性、标志性、创新性工程，是在百年未有之大变局和中华民族伟大复兴全局的大背景下，提升我国文化软实力、提高中华文化国际影响力的一项重要举措，具有重大的现实意义和深远的历史意义。

　　百科三版的编纂工作经国务院立项，得到国家各有关部门、全国科学文化研究机构、学术团体、高等院校的大力支持，专家、学者 5 万余人参与编纂，代表了各学科最高的专业水平。专家、作者和编辑人员殚精竭虑，按照习近平总书记的要求，努力将百科三版建设成有中国特色、有国际影响力的权威知识宝库。截至 2023 年底，百科三版通过网站（www.zgbk.com）发布了 50 余万个网络版条目，并陆续出版了一批纸质版学科卷百科全书，将中国的百科全书事业推向了一个新的高度。

　　重文修武，耕读传家，是我们中国人悠久的文化传承。作为出版人，我们以传播科学文化知识为己任，希望通过出版更多优秀的出版物来落实总书记的要求——推动文化繁荣、建设中华民族现代文明，努力建设中国式现代化强国。

为了更好地向大众普及科学文化知识，我们从《中国大百科全书》第三版中选取一些条目，通过"人居环境""科学通识""地球知识""工艺美术""动物百科""植物百科""渔猎文明""交通百科"等主题结集成册，精心策划了这套大众版图书。其中每一个主题包含不同数量的分册，不仅保持条目的科学性、知识性、准确性、严谨性，而且具备趣味性、可读性，语言风格和内容深度上更适合非专业读者，希望读者在领略丰富多彩的各领域知识之时，也能了解到书中展示的科学的知识体系。

衷心希望广大读者喜爱这套丛书，并敬请对书中不足之处给予批评指正！

《中国大百科全书》编辑部

"人居环境"丛书序

人居环境科学理论与实践是中国改革开放 40 周年的标志性成果之一。1993 年，吴良镛、周干峙与林志群在中国科学院技术科学部大会上提出建立"人居环境学"设想，将其作为一种以人与自然协调为中心、以居住环境为研究对象的新的学科群。2012 年，吴良镛获得 2011 年度国家最高科技奖，国家最高科学技术奖评审委员会评审意见认为："吴良镛院士是我国人居环境科学的创建者。他建立了以人居环境建设为核心的空间规划设计方法和实践模式，为实现有序空间和宜居环境的目标提供理论框架。"这意味着人居环境科学已得到学界的认可。

人居环境科学是涉及人居环境有关的多学科交叉的开放的学科群组。人居环境科学强调"建筑—城乡规划—风景园林"三位一体，作为人居环境科学的核心，地理学、生态学、环境科学、遥感与信息系统等是与人居环境科学关系密切的外围学科，以上这些学科共同构成了开放的人居环境科学学科体系。可见，人居环境科学的融合与发展离不开运用多种学科的成果，特别要借重各自的相邻学科的渗透和展拓，来创造性地解决复杂的实践中的问题。

人居环境是人居环境科学理论与实践的研究对象，其建设意义重大。党的二十大报告将"城乡人居环境明显改善"列入全面建设社会主义现代化国家未来五年的主要目标任务。这充分体现了城乡人居环境建设在党和国家事业发展全局中的重要地位。为此，依托《中国大百科全书》

第三版人居环境科学（含建筑学、风景园林学、城乡规划学）、土木工程、中国地理、作物学等学科内容，编委会策划了"人居环境"丛书，含《中国皇家名园》《中国私家名园》《古建》《古城》《园林》《名桥》《山水田园》《亭台楼阁》《雕梁画作》《植物景观》十册。在其内容选取上，采取"点"与"面"相结合的方式，并注重"古与今""中与西"纵横两个维度，读者可从其中领略人居环境中蕴藏的文化瑰宝。

希望这套丛书能够让更多的读者进一步探索人居环境科学理论与实践体系！

人居环境丛书编委会

目　录

第 **1** 章　山　1

第 2 章　水　61

中国水系 61

第3章　田　119

第4章　园　131

第1章
山

华南名山

独秀峰

独秀峰是中国广西壮族自治区名山。

独秀峰位于桂林市靖江王城内，与桂林著名的叠彩山、伏波山三足鼎立，是桂林市区主要景点之一。海拔216米，相对高度66米，孤峰突起，陡峭高峻，素有南天一柱之称。

独秀峰景区

东麓有南朝刘宋时文学家颜延之读书岩，为桂林最古老的名人胜迹。南朝文学家颜延之的"未若独秀者，嵯峨郭邑开"是现存最早的桂林山水诗歌，独秀峰因此得名。峰顶是观赏桂林全城景色的最好去处，自古以来为名士所向往。登306级石阶可至峰顶，峰顶上有独秀亭。明代旅行家徐霞客旅桂一月有余，却因未能登上此峰而遗憾。主要景点有读书岩、独秀峰石刻、独秀亭、月牙池、中山纪念塔等。

桂平西山

桂平西山是中国佛教名山。旧称思灵山、思陵山。

桂平西山位于广西壮族自治区桂平市境内，黔江、郁江和浔江交汇的浔州古城西郊 1 千米处。西山海拔 678 米，总面积 19.8 平方千米，地处北回归线上，属南亚热带季风性湿润气候。以"林秀、石奇、泉甘、茶香、佛圣"为五绝。有阔叶林树种 73 科 236 种，植被覆盖率达 95%以上，珍贵植物有金花茶、树蕨、枫木、光叶合欢、苏铁、竹柏等。西山由花岗岩组成，崩塌和球状风化作用使岩块堆砌成吏隐洞、觉悟洞、姚翁岩、观音岩、八字石、棋盘石、云台石、飞来石、险峰石等。西山有天泉、鼎泉、康洛泉和乳泉。西山茶于 1982 年被列为全国 30 种名茶之一，2010 年获国家地理标志保护产品称号。建于宋代的龙华寺是佛教圣地，1992 年成为广西佛教协会驻寺。建于清代的洗石庵 1978 年被列为全国重点开放寺观。

桂平风景名胜区是以西山名胜为主体，由太平天国金田起义遗址、

桂平西山

太平山动植物自然保护区、紫荆山壮村瑶寨风情、天南福地洞天罗丛岩及白石洞天、麻垌荔枝之乡和浔州古城风光、北回归线标志等景观组成的集锦式大型风景名胜区。1988年被列为国家重点风景名胜区。2003年被评为国家AAAA级旅游区、岭南佛教丛林胜地。2005年被评为广西十佳景区。2009年桂平地质公园被评为国家地质公园。

苍　山

苍山是云岭中支南部高山。中国云南省名山。又称点苍山、灵鹫山、熊苍山、砧苍山。

苍山位于云南省大理市西侧，为大理市与漾濞彝族自治县的界山。北起洱源县邓川，南抵西洱河谷。东经99°57′～100°12′，北纬25°34′～26°00′。南北走向。长约50千米，宽10～20千米，面积约1000平方千米。主峰为马龙峰，海拔4122米。唐樊绰所著《蛮书》中记载的苍山为："山顶高数千丈，石棱青苍"，故苍山为山石青苍之

苍山洱海

苍山中和峰一瞥

意。白语称造赛意为熊出没的高山。

组成山体的岩石为元古代苍山群的片岩、片麻岩、混合岩、大理岩、夹有花岗岩侵入体，其中大理岩质地纯，花纹美丽多姿，为著名的建筑石材。属断块山地，为新生代构造运动强烈抬升过程中沿大断裂带断块抬升而成。山体高峻，全山由19峰、18溪组成，诸峰海拔多在3000～4000米。主峰顶部终年积雪，雪峰被称为苍山雪与洱海月等，组成风、花、雪、月四景。第四纪更新世时曾发生过冰川活动，古冰川遗迹较多而明显，是大理冰期的命名地。属北亚热带高原季风气候，在山体上气候与生物的垂直带谱较齐全，由亚热带经温带至高山带，生态资源丰富。建有大理苍山洱海国家级自然保护区。2014年9月苍山被列为世界地质公园。苍山与山下的大理古城、洱海、蝴蝶泉等共同组成大理旅游景区。中和峰是苍山19峰的中心山峰，东部正前方是大理古城及洱海，特殊的地理位置成了俯瞰苍山、洱海风光的最佳角度。

平坝天台山

平坝天台山是中国贵州省境内的名山。

平坝天台山位于贵州省安顺市平坝区西南部，为群山之中拔地而起的一座孤峰。海拔1400米，相对高差60米，高耸入云。因其山势险峻，独石成峰，状如登天之台而得名。
总面积 1200 平方米。山体主要由
石灰岩组成。南、西、北三面为千
尺削壁，藤蔓依附，不可攀岩。唯
东面有石阶可登，茂林修竹，古刹
殿宇隐于其间。天台山古称"黔南

伍龙寺

第一山"，第一山门有乾隆二十三年（1758）书刻的"黔南第一山"门
额，今古韵犹存。山巅的伍龙寺，建于明万历十八年（1590），建筑因
形就势，依山贴壁，布局谨严，设计独具匠心。伍龙寺于 2001 年被列
为全国重点文物保护单位。贵州省民间戏剧博物馆设于此。

斗篷山

斗篷山是中国贵州省境内的名山。

斗篷山位于贵州省黔南布依族苗族自治州都匀市西北部，是剑江主
要源头清塘河的发源地。因海拔 1600 米以上的山体多浮云缭绕，恰似
老翁戴斗笠，以斗篷直出浮云间而得名。总面积 128.7 平方千米。

地处苗岭山脉中段，为向斜盆地性质的台状山地。斗篷山出露的
地层从古生界的寒武系到中生界的三叠系均有出露，山的主体部分由
泥盆系厚层状石英砂岩构成。蜿蜒的山脊排列着扁担山、旗头坡等海
拔 1700 米以上的台状山峰 9 座，主峰海拔 1961 米。山间林地蓄水丰
盈，共有大小溪流 100 余条。以亚热带常绿阔叶为基带，山地植被垂直
分异明显，从山麓到山顶植被层次分别为：①落叶阔叶林。一般分布在

常绿、落叶阔叶混交林以上的局部地段或个别海拔 1000 米左右的村寨附近。②海拔 1100～1300 米，为常绿阔叶林带。③海拔 1300～1500 米，为方竹林，偶见常绿阔叶林受择伐后的常绿阔叶林带。④海拔 1500～1961 米，为常绿、落叶阔叶混交林。⑤在天池附近（海拔 1900 米），出现以常绿植被杜鹃为主的杜鹃矮林。山上植物种类丰富，共有维管束植物 494 种，包括蕨类植物 44 种、裸子植物 12 种、被子植物 438 种。其中，属国家 I 级重点保护植物的有银杏、红豆杉、南方红豆杉、伯乐树和珙桐，属国家 II 级重点保护野生植物的有篦子三尖杉、榉树、马尾树、鹅掌楸、樟树、楠木、十齿花、喜树和香果树等。山上野生动物种类繁多，主要为鸟类（140 种）、兽类（39 种），以及鱼类、两栖类、爬行类及昆虫。其中，被列为国家 I 级重点保护野生动物的有云豹、林麝；被列为国家 II 级重点保护野生动物的有猕猴、藏酋猴、穿山甲、黑熊、鬣羚（苏门羚）和红腹锦鸡等。

黔灵山

黔灵山是中国贵州省贵阳市知名山脉。

黔灵山位于贵州省贵阳市云岩区。原名大罗岭，旧名唐山。黔灵山意思是黔之山灵，为贵州的灵秀所聚之处。由大罗岭、象王岭、白象岭、檀山、杖钵峰、狮子岩、关刀岩、宝塔峰、北峰等崇山峻岭和黔灵湖组成。最高峰为大罗岭，海拔 1396 米。面积 4.25 平方千米。

黔灵山地形多变、起伏连绵，沟谷纵横、幽壑错杂。是贵阳向斜西翼上的一个次级背斜构造，主要由中生代三叠系白云质石灰岩和晚古生

代下二叠系石灰岩组成，属黔中山
原中部的一部分。具有高原亚热带
气候特征，冬无严寒、夏无酷暑、
热量充沛，植物生长期长。拥有维
管束植物（指蕨类植物和种子植物）
139 科 409 属 638 种，其中贵州特

弘福寺

有树种有半枫荷、岩生红豆树、贵州泡花树、云贵鹅耳杨、黔灵山冬青
和贵州冬青等 100 多种，有名贵药用植物 1000 多种。动物资源丰富，
有鸟类画眉鸟、红嘴相思鸟、伯劳、寿带、杜鹃等 50 多种，还有 400
余只成群栖息的猕猴。1957 年被辟为黔灵山公园，园内峰峦叠翠、古
木参天、林木葱茏、古洞清涧，是集自然风光、文物古迹、民俗风情和
娱乐休闲为一体的综合性公园，被评为国家 AAAA 旅游景区。园内有
弘福寺、麒麟洞、解放贵州革命烈士纪念碑、黔灵山公园动物园等人文

俯瞰弘福寺

景观。弘福寺位于黔灵山群峰之中，为贵州佛教会所在地，是全国重点开放寺庙之一。

华中名山

衡　山

衡山是中国五岳名山之一的南岳。又称寿岳、南山。

衡山位于湖南省衡阳市南岳区。地理坐标为北纬 27°4′～27°20′，东经 112°34′～112°44′。西起衡阳县界牌镇，东抵衡阳市南岳区，北迄衡山县福田铺乡，南止衡阳县樟木乡。长约 38 千米，最宽处约 17 千米，总面积 640 平方千米。有中华寿岳之称。

绵亘于衡阳、湘潭两盆地之间，总体呈东北—西南走向，山体主要由花岗岩构成，为典型的断块山。地貌以峰林状花岗岩断块中山为主，断层地貌发育，构成了典型的群峰突起的峰林状中山景观。有大小山峰 72 座，其中以祝融、紫盖、芙蓉、观音、石廪、天柱等最为著名。最高峰祝融峰海拔 1300.2 米，相传因火神祝融到此栖息奏乐，死后葬于衡山而得名。属中亚热带季风湿润气候，降水充沛，夏凉冬寒，多云雾大风天气，无霜期长，气温垂直变化明显；年均气温山麓为 17.5℃，山顶为 11.29℃；降水量春夏季节多于秋冬季节，山顶平均年降水量 2045.8 毫米，衡山所在地南岳镇多年平均降水量 1440 毫米。每年 12 月至次年 2 月多降雪、积雪现象，南岳雾凇因此而闻名。土壤垂直分异明显，从山麓到山顶为红壤—黄棕壤—草甸土依次过渡。土壤中富含碎石英砂粒。森林覆盖率在80%以上。物种资源种类丰富，为国家级重点保护区，其中国家Ⅰ级保护野生植物有南方红豆杉、银杏、钟萼木共3种，国家Ⅱ级重点保护野生植物

南岳雾凇

有13种。被列入国家重点保护的Ⅰ级保护野生动物有黄腹角雉、穿山甲、林麝、大灵猫，国家Ⅱ级保护野生动物有灰胸竹鸡、红腹锦鸡等20种，为天然的生物资源宝库。

南岳衡山是著名的宗教文化圣地，亦为历代帝王祭祀之地，环山有寺、庙、庵、观200余处。南岳大庙是一组集民间祠庙、佛教寺院、道教宫观和皇宫殿宇于一体的古建筑群，也是中国南方及五岳之中规模最大的庙宇；庙内东侧有8个道观，西侧有8个佛寺，其间佛、道、儒并存一庙，互彰互显，同尊共荣。衡山是道教的第三洞天，相传西晋道教上清派开山宗师、中国第一位女道士魏华存修道于黄庭观。九真观为唐代道士司马承祯修行的遗址。南朝梁陈间修建的佛教名刹有南台寺、方广寺、福严寺，唐代高僧希迁创立了禅宗的南台宗等。此外，衡山也是上古时期君王唐尧、虞舜巡疆狩猎祭祀社稷，夏禹杀马祭天地求治洪方法之地。衡山有五岳独秀之称，拥有南天门、忠烈祠、麻姑仙境、磨镜台、水帘洞、万寿大鼎等胜迹，南岳庙之雄、忠烈祠之伟、祝圣寺之幽、玄都观之雅被誉为南岳建筑四杰，祝融峰之高、藏经殿之秀、方广寺之深、水帘洞之奇被称为"南岳四绝"。

九宫山

九宫山是中国湖北省名山。

九宫山位于湖北省东南部的咸宁市通山县境内，横亘鄂、赣边陲的幕阜山脉中段。总面积196平方千米。中国五大道教名山之一，与崂山、龙虎山、青城山、武当山齐名。与黄山、庐山、峨眉山在同一纬度。属断层山地形冰川地貌。东北—西南走向，主要由花岗岩构成。最高峰为老鸦尖，又称老崖尖，海拔1656.6米，是中国中南部最高峰之一。山体总面积约60平方千米。4条山溪将山顶呈掌状分割成5个山头，凤凰岭居中。是鄱阳湖主要河流修水，洞庭湖流域汨罗江、湘江（浏阳河）和长江一级支流富水和陆水的重要发源地。属中亚热带季风气候。山地垂直气候明显，日夜温差较大，盛夏多风。森林面积40平方千米，1/3为楠竹林。有马头狼、石耳、龙须草、灵芝、猕猴桃等野生动植物和一山、三洞、三峰、六石、十崖等天然胜迹。山巅龙泉湖侧有灵泉，喷雪崖瀑布下注70余米，另有温泉。风景名胜有高山湖泊云中湖、中国第二大落差瀑布大崖头瀑布（落差420米）、九宫山风景名胜区等。

九宫山风光

大洪山

大洪山是中国湖北省名山。

大洪山位于湖北省北部，蜿蜒于随州市、钟祥市、京山市交界处，汉江和涢水之间。呈西北—东南走向，长约 120 千米。是西汉末年绿林起义的基地，抗日战争和解放战争时期的重要革命根据地。地处中国中央造山带南侧、秦岭造山带与扬子板块的结合部，是一条巨型的碰撞带（断裂带），襄樊—广济断裂带通过大洪山地区随州境内。喀斯特地貌异常发育，有大量溶洞群。主峰宝珠峰海拔 1051.4 米。岩层以古老的沉积岩为主，北侧主要由前震旦纪千枚岩、石英片岩和志留纪页岩构成。南侧主要由奥陶纪石灰岩，部分为志留纪页岩。为褶皱断块山，断裂作用普遍，因长期受侵蚀切割，除主峰一带较陡峻为中低山外，多已成海拔 500 米以下的和缓而分散的丘陵，其间沟谷纵横，地面破碎。气候温和，冬暖夏凉，四季分明，具有一山分四季，十里不同天的气候特点。水系呈放射状。汉江支流涢水、大富水、天门河等均发源于此。森林覆盖率约 60%，为湖北省主要林区。原生林属北亚热带常绿阔叶、落叶阔叶混交林，次生林多为马尾松和松栎混交林。特产有油桐、乌桕、橡子、白果、香菇、木耳等，盛产天麻、贝母、苍术、桔梗等药材。矿产有磷、铁、钒、铜等。名胜古迹有宝珠峰、娥皇洞、白龙池、

大洪山风光

珍珠泉、灵峰寺遗址等。

荆 山

荆山是中国湖北省名山。

盘亘于省境西北部，呈北西—南东走向。北始十堰市房县青峰镇大断层，南止荆门—当阳一线，长约 150 千米；西至宜昌市远安县沮水地堑，东到荆门—南漳一线，宽 20 ～ 30 千米。面积约 3100 平方千米。因古代满山生长荆条（灌木），故名。3000 多年前，楚先王熊绎与湖北荆山地区人民披荆斩棘，使楚国从一个弱小城邦发展壮大为春秋五霸之一，故有荆山楚源之说。地质构造属扬子准地台，由石灰岩组成，属燕山隆起褶皱带，是强烈上升的新构造运动区。西北部山高谷深，巍峨陡峭，沟壑纵横；东南部山低谷浅，坡度略缓，稍加开阔，但均为喀斯特中、低山地。山岭多呈狭长形，山顶大致等高。喀斯特漏斗（溶斗）、溶蚀洼地均发育于山顶面上，属山原期喀斯特形态。其高度由西北向东

荆山风光

南略减，海拔 1200～1800 米，主峰聚龙山海拔 1852 米，最高点望佛山海拔 1946 米。长江支流沮水、漳河源于山南，汉江支流蛮河源于山北。属山地气候，温暖湿润，平均年降水量 900 多毫米。森林覆盖率约 50%，以松、杉、栎等树种为主。主产黑木耳、白木耳、茶叶、桑蚕等农产品，并有天麻、丹皮、杜仲、桔梗等药材及獐、鹿、野猪等动物。矿藏有磷、煤、铁等。磷矿已被开发利用作肥料。河谷平原耕地种稻，坡地种玉米、薯类。山上建有茶场、林场、药材场等。名胜古迹有抱璞岩、白马洞、响水洞等。其中，抱璞岩传为春秋时代卞和得玉处。

黄袍山

黄袍山是中国湖北省名山。又称盘古大山、大盘山、仙圣山等。

黄袍山位于湖北省咸宁市通城县塘湖镇东侧。传说古代有仙人晒黄袍于此，故名。主峰华罗寨海拔约 1200 米。属亚热季风气候，四季分明，光照适中，气候温和。黄袍山风景名胜众多，有中国白水崖瀑布、水帘洞、怪石峰、插剑岩、巨乳石、仙人埂、玉泉宫（又称大泉洞）、神龙洞、燕子岩群洞、大泉仙谷、夹井峡谷等。周边景点有纪念地罗荣桓元帅纪念馆、通城县苏维埃政府旧址、湘鄂赣黄袍山革命烈士陵园、英雄母亲黄菊妈陵园、湘鄂赣省委党校旧址、红军洞、八百壮士墓群、抗日将领黄全德故居等，古迹一门三尚书——忠臣庙（方琼纪念馆）、北宋抗金英雄元帅岳飞之师——方琼墓地、黄庭坚退隐黄袍山的鲁直第、明朝进士汪润田故居、刘塘湖故居、夜珠窝文定世第、西汉初期张良创办的伐桂书院、幕阜书院遗址、华罗山寨古兵寨遗址、苦竹岭古关、楚吴古道、茶马古道、南虹桥、兰若桥等。

华北名山

苍岩山

苍岩山是华北地区佛教文化名山，国家级风景名胜区，国家 AAAA 级旅游景区。

苍岩山坐落在太行山中的井陉县胡家滩，北距井陉县城 40 千米，东距石家庄市 50 千米。周围荒山秃岭，唯此山古木成林，郁郁葱葱，如披绿衣，故名苍岩山。苍岩山海拔 1039.6 米，面积约 180 平方千米。山上主要建筑是隋代福庆寺，相传隋炀帝之女南阳公主（一说妙阳公主）出家于此，为民消灾祛病，被尊为苍岩圣母，昔日香火极盛。苍岩山到处是崇山峻岭，危崖绝壁，古柏参天，满涧白檀，自然风光十分优美。这些建于山上的楼、台、亭、榭，掩映于山腰绿荫之间，犹如仙山琼阁，或跨断崖，或临深壑，或掩映于密林之中，各依地势，构造奇特宏丽。壑深谷幽，山崖壁立，古木苍郁，又有涌泉流溪，风景奇

福庆寺

丽，素有"五岳奇秀揽一山，太行群峰惟苍岩"之誉。苍岩山有十六景和七十二观，景观奇特。山地岩层古老，岩性复杂，也是很好的地质公园。沟谷切割深大，温湿条件优于附近地区，亚热带树种——青檀广泛分布于沟谷，形成独特植被景观。另有以水上活动和林深、谷幽、峰奇、石怪、自然野趣为重要特色的甘陶湖（张河湾水库）、南寺掌等景区。优美的自然风光和巧夺天工的建筑，交相辉映，浑然一体。

玉泉山

玉泉山是中国北京市西山东麓支脉。

玉泉山位于北京市海淀区，颐和园以西。海拔百余米，历史上沟壑迂回，流泉密布，泉水晶莹如玉，故名玉泉池，山亦因而得名。辽、金时在山麓建有行宫，屡有兴废。元建昭化寺，明建华严寺，清顺治二年（1645）重修，改名澄心园；康熙三十一年（1692）改名静明园。山上有塔，亭亭而立，引人注目，是颐和园的重要借景。今玉泉水已枯竭，但仍为风景胜地。为军事管理区，并未对公众开放。

华西名山

华　山

华山是中国名山。五岳中的西岳。又称太华山。

华山位于陕西省华阴市。是秦岭支脉山脊（分水岭）北侧的花岗岩

华山花岗岩

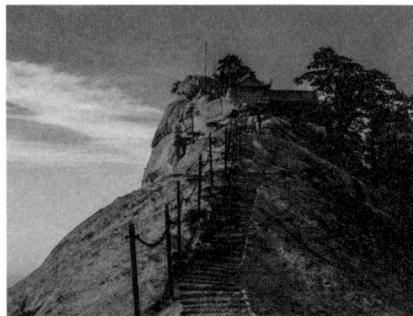

华山西峰

石山，东西长约 15 千米，南北宽约 10 千米。主要山峰有北峰、西峰、南峰、东峰和中峰；主峰为南峰，海拔 2154.9 米，是五岳最高峰。华山为花岗岩岩性，纵横节理发育，加上南北两大断层错动和东西两侧流水下切，造成华山四面如削、断

华山东峰下棋亭

崖千尺、陡峭险峻的山势，被称为奇险天下第一山。植被为针叶林、落叶阔叶疏林。主要景点有西岳庙、金锁关、苍龙岭、长空栈道、千尺幢、百尺峡、鹞子翻身、老君犁沟和华岳仙掌，其中华岳仙掌被列为关中八景之首。

华山是道教全真派圣地，共有 72 个半悬空洞，20 余座道观，其中玉泉院、都龙庙、东道院和镇岳宫被列为全国重点道教宫观。1982 年被列为首批国家级风景名胜区。2004 年被评为"中华十大名山"。2011 年被评为国家 AAAAA 级旅游景区。

五台山脉

五台山脉是中国佛教名山。

五台山脉位于山西省东北部。包括忻州市五台县全境、繁峙县南山区、代县东南山区、原平市东山区、定襄县东北山区、盂县北山区和河北省阜平县西山区，总面积约 6530 平方千米。五台山因有顶似平台的五座主峰而得名，东台名望海峰，海拔 2795 米；南台名锦绣峰，海拔 2474 米；西台名挂月峰，海拔 2773 米；北台名叶斗峰，海拔 3058 米，为华北最高峰；中台名翠岩峰，海拔 2896 米。以五座台顶为主峰，峰峦连绵，蜿蜒延伸。东、北、中三个台顶是繁峙县与五台县的分水岭，西台坐落于繁峙县境，南台坐落于五台县境。

◆ 地质地貌

本区是中国最古老的地质构造地区之一，也是全国地质研究对比的典型地区之一。五台山地层的形成要追溯到 26 亿年前，除短缺古生界

忻州市五台山

的奥陶系上统、志留系、泥盆系和石炭系下统、中生界外,其他各个时代包括太古界、元古界、古生界、新生界的地层都比较齐全。

境域内地形极为复杂。由于受五台山脉走向影响,境内主要为五台背斜隆起和滹沱河断陷盆地。由于历次地质构造运动,使地形具有重峦叠嶂、丘陵起伏、沟壑纵横、高差大的特征。按其成因和形成特点,可分三大类:剥蚀构造的断块高中山地、山间黄土台地、河谷沟川。

本区特殊的冰缘地貌是由于第四纪地下冰融化作用形成的冰川遗迹。中国的冰缘地貌,主要分布在青藏、西北高山地区和大兴安岭一带,而华北仅见于五台山。德国舒密特赫教授于 1913 年在五台山进行地质考察时首先发现。在中台顶上,堆积了大大小小的石头,大的如牛,小的似蛙,其色灰白,有棱有角,俗称龙翻石,实际为龙蟠石,就是冰缘地貌的遗迹。黛螺顶上的槽谷肩、鱼脊岭和菩萨顶冰坎等,其冰缘地貌也十分典型。

属太行山系,以北台叶斗峰为起点,五台山脉可划分为三大支脉,分别延伸到河北阜平县、平山县,山西五台县、繁峙县、代县、原平市及定襄县。此外,在五台县境内还有茹村天和隆起和窑头隆起。整个山脉在五台县境内有较大山峰 146 座,繁峙县境内 15 座,代县境内 11 座,原平市境内 40 座,定襄县境内 6 座。

◆ 气候

本区属温暖带半干旱型森林草原气候带北端,为明显的大陆性气候。境域内气候四季变化明显:冬季寒冷干燥,春季温暖、干燥、多风沙,夏季高温、潮湿、多雨,秋季有短时秋高气爽天气。但五台山台内夏季形成的小气候却十分清凉宜人，是理想的度假、避暑之地。根据温度与降水条件可分为北部严寒多雨区、中部丘陵温凉少雨区、西部南部温暖少雨区3个气候区。

境内降水亦受地形影响而出现差异。海拔升高100米，降水增多40～50毫米。全年降水量平常年份一般为400～500毫米。海拔1000米以下地区，年降水量400～500毫米；海拔1000～1300米的半坡丘陵区，年降水量500～600毫米；海拔1300米以上地区，年降水量为700毫米。其中五台山台怀镇可达960毫米。

◆ **水文**

区内主要河流为滹沱河、清水河，属海河水系。其他小河流多注入滹沱河、清水河。滹沱河发源于五台山北麓繁峙县泰戏山桥儿沟，经代县、原平、定襄、五台，流入盂县，再流入河北省。五台山区域流域面积11936平方千米，长250千米，平均纵坡1/700，河床宽100～800米。有支流21条，较大支流有阳武河、云中河、牧马河、清水河等。清水河发源于五台山北台南麓紫霞谷与东台沟，经金刚库、石咀、门限石、耿镇、高洪口、陈家庄等乡，于坪上村汇入滹沱河，全长163千米，流域面积2405平方千米。

区内泉水较多。且山有多高，水有多高，山山有泉，涧涧流瀑，形成了许多高悬如镜的天池。其中五台县共有小泉、小溪224处，总流量为2.76米³/秒，全年总径流量为0.8703亿立方米。较大泉水有台怀镇般若泉、中台太华池、射虎川神武泉、城关九女泉等18处。般若泉、太华池、神武泉等是五台山具有传奇色彩的名泉。

◆ **土壤**

土壤母质为第四纪马兰黄土覆盖,由于沟波陡峭,比降较大,土壤母质多已流失,仅在岩石缝隙中或局部缓坡阶地上有所保留,土壤就是在这些残存母质上发育的。同时,土壤亦随着地形、气候、生物、海拔高度的不同,形成了多种类型,呈现出土壤的多样性及复杂性。亚高山草甸土分布在海拔2700米以上的山顶缓坡平台上;山地草甸土分布在海拔2000米或2400～2700米的一些山梁顶部平台缓坡处;棕壤分布在海拔1800～2700米的高中山地区;棕壤性土多分布在该地区的阳坡陡坡;溶渴土分布在海拔1500～2000米的中山地带。

◆ **植被**

地形的复杂多变,影响着地表光和水、热条件的再分配,从而产生了不同的植物群落。由高到低形成明显的垂直群落分布可分为6个自然带。①亚高山草甸带。分布于五台山五座台顶顶部,植被以蒿草为主,其次有苔草、蓝花棘豆等草甸群落。草体厚度5厘米左右,覆盖率达100%,呈草毯、草丘状,为牧草带。②山地草原草甸带分布在五台山各支脉上部及山顶平台缓坡处。植被种类主要有苔草、蒿草、蓝花棘豆等20余种及多种菊科草共同组成的五花草甸群落。草体高度约5～20厘米,覆盖率90%～100%,为牧草资源带。③森林灌丛带主要分布于五台山海拔1700～2700米的深山山地上。五台山北麓繁峙县二茄兰一带,五台县台怀弓步山、南梁沟一带,为五台山著名林区,覆盖率为80%～100%。④灌丛草本带分布在海拔1200～1900米的广大土石山地上,植被以草本为主构成草灌群落,覆盖率为50%～90%,为林牧业和草本粮油、中草药带。⑤旱生草本带分布于黄土丘陵区和平川二级阶地区，植被以旱生草本和田间杂草为主，覆盖率较小。⑥隐域草营带分布于滹沱河、小沂河、滤泗河、同河等冲积平原一级阶地上，植被为田间杂草和湿生草甸复合群落，为饲养饲草带。

◆ **动植物**

植被共有 99 科 351 属 595 种。其中，草本植物 482 种，占总数的 81.3%；乔灌木 113 种，占总数的 18.7%。五台山森林资源丰富，森林面积 33.7 万亩，覆盖率 8.66%，其中天然林占 63%，人工林占 37%。森林群落主要由木本植物——乔灌木组成。植物群落因海拔变化呈一定规律性，即亚高山分布着耐寒矮小的高山草甸灌木，中山、低中山分布着高大的针阔叶树种及伴生灌木。木质植物资源共 42 科 79 属 131 种，其中乔木 60 种，灌木 71 种。野生草本植物，大部分是天然牧草，草地面积 384.4 万亩，占全省天然草地的 7%，加上本区水流多，水质好，成为理想的夏季天然牧场，成为主要牧草资源。野生草本植物类型有亚高山草甸、高中山地草甸、低中山地草甸。野生花卉是佛国胜景的特色景观，野生花卉分木本、草本两种，驰名的品种有 30 余种。

◆ **矿产资源**

矿产资源丰富，金属、非金属矿产有 30 余种，矿点 160 余个。其中尤以铁矿为多，以沉积变质型（鞍山式）铁矿床为主，分布境内五台县、繁峙县、代县、原平市一带，通称五台铁矿。铜矿主要有台怀、观音洞、虎山、苇地坪铜矿等。金矿有五台镇海寺、繁峙宽滩、代县张仙堡、滩上等地的岩金，张仙堡、峨口等地的白砂金，均已开采。另有硫铁矿、稀土元素矿、铀矿、绿柱石矿、水晶矿、云母矿、硼矿、大理石矿和花岗岩矿等。

南川金佛山

南川金佛山是中国重庆市名山。

南川金佛山位于四川盆地南缘渝黔交接地带、重庆市东南边缘的南川区南部，属于大娄山东段的一部分。北纬 28°53′，东经 107°27′，最高海拔 2251 米。面积 1300 平方千米，景区面积 441 平方千米，森林覆盖率达 95% 以上，有天然植物陈列馆之称。"金佛何崔嵬，飘缈云霞间"，每当夏秋晚晴，落日斜晖把层层山崖映染得金碧辉煌，如一尊金身大佛交射出万道霞光，异常壮观而美丽，"金佛山"因此而得名。2000 年被评为国家级自然保护区。2003 年被批准为全国首批重点科普教育基地。2014 年入选世界自然遗产。

◆ 地质地貌

金佛山处在一宽缓向斜的轴部。山体上部由二叠系石灰岩组成，中部为志留系的砂页岩，山体下部主要为寒武系、奥陶系的白云岩、灰岩。山地在燕山运动末期褶皱隆起以后，经历了几个地质历史发展阶段，在长期的内外营力相互作用之下，形成一个以侵蚀

南川金佛山

剥蚀与溶蚀为主的深切割的地形倒置中山。其南坡较缓，北坡甚陡，河谷呈阶梯状分布。

◆ **气候特征**

金佛山属亚热带湿润季风性气候，冬暖夏凉，雨量充沛，少日多雾，湿度大。气候垂直变化明显，山体上部多年平均气温 8.5℃，平均年降水量 1434.5 毫米。全年雨量季节分配不均，集中分布在 4～10 月，在 12 月到次年 3 月期间，降水以降雪的形式出现。山体下部平均气温 16.6℃，平均年降水量 1286.5 毫米。这种雨热同期的气候特点，为岩溶发育提供了良好的条件。

◆ **自然景观**

包括：①喀斯特洞穴风光。众多的岩溶洞穴系统，形成了洞中有山、洞中有河、洞中有坝的洞穴风光，主要洞穴系统有古佛洞、金佛洞、仙女洞、明佛洞、老龙洞、黑风洞、羊口洞等。②水。金佛山之水，清而沁人心脾，潺潺的溪水，飞泻的瀑布使人流连忘返，如龙岩飞瀑、三泉映辉等。③杜鹃。金佛山是杜鹃的王国，生长着 50 多种乔木大叶杜鹃，花大而色艳，极富观赏价值。每年 4～5 月是杜鹃花盛开的季节。最有名的杜鹃王，胸径 1.2 米，树围 3.7 米，树高 12 米。④光影。金佛山特有的气候条件，形成了独特的天景资源，"霞、雾、雨、雪、风"都造成了金佛山的独特景观，如柏枝红雨、金山云海、金山日出、金佛晚霞、金山佛光、金山残雪、金山雾凇、金山树挂等。

◆ **人文景观**

据史载，金佛山在明代时，梵宇之多，不可胜数，金佛寺、凤凰寺、莲花寺、铁瓦寺尤为著名。南宋时期，为抵御蒙古军进攻，在金佛山动漫马嘴山构筑了马脑城（龙岩城），现存有遗迹。1938年修建的山泉公园，是国民党中央要员的公馆。金佛洞、羊口洞等洞内好保存完整的古代先民熬硝遗迹。

◆ 动植物资源

土壤类型大致可分黄壤、棕壤及山地草甸土三大类型，山地各部位的气候土壤比较复杂，加以长期来或多或少受人为活动的影响，因此本山植被也多种多样，其主要类型有亚热带常绿阔叶林，常绿阔叶落叶混交林、山地矮林、亚热带针叶林、灌丛、草甸。

金佛山分布着众多的珍稀植物，国家 I 级重点保护植物有 9 种，即银杉、珙桐、光叶珙桐、红豆杉、南方红豆杉、伯乐树、金佛山兰、水杉、荷叶铁线蕨。国家 II 级重点保护植物有 39 种。

动物资源丰富，已知有哺乳动物 82 种、鸟类 178 种、两栖动物 27 种、爬行动物 36 种、鱼类 11 种、昆虫 129 种。其中，国家 I 级保护动物有白颊黑叶猴、黔金丝猴、金钱豹、云豹、赤鹿。鸟类 16 目 40 科 178 种，其中国家 I 级保护动物有白鹳、金雕、红腹角雉、白腹锦鸡。微生物资源也十分丰富，是同类地区所罕见的，大大丰富了中国野生生物基因库，为中国乃至全世界野外生物科考研究提供了良好的场所和范例，具有极高的科研、观赏和开发利用价值。

缙云山

缙云山是中国重庆市名山。旧称巴山。

缙云山位于重庆市北碚区嘉陵江温塘峡畔。早晚霞云，姹紫嫣红，五彩缤纷。古人称赤多白少为缙，故名缙云山。缙云山与嘉陵江小三峡、合川钓鱼城一并被定为国家级自然风景名胜区。面积 76 平方千米。缙云山景色宜人，植物资源丰富，素有"北有缙云、南有石笋"之美誉。

◆ **地质与地貌**

缙云山是 7000 万年前燕山运动造就的背斜山岭。属川东平行岭谷，华蓥山复背斜的一个分支——词塘峡背斜，走向北东，海拔一般为 850 ～ 900 米。东南坡较陡，西北坡较缓，顶部平展。山的东北段山脊两侧受流水侵蚀，裂缝溯源伸展，形成了一些垭口，切断了山脊形成了孤立的山峰，山峰与垭口相间排列。西南段的山脊受流水侵蚀较小，为箱形山脊。

◆ **气候特征**

属亚热带季风气候，年均温 18.2℃。一月均温 7.5℃，七月均温 28.6℃，年较差 21.1℃，≥ 10℃ 的年积温 5956℃，年无霜期 334 天，平均年降水量 1143 毫米。年均相对湿度 80%，冬季多雾，年日照时数 1288 小时。气候条件非常有利于植物生长，植物种类繁多且生长茂盛。

◆ **植被资源**

缙云山自然环境多样，植物种类丰富。森林植被繁茂，亚热带常绿阔叶林保存完好。有蕨类植物 37 科 70 属 136 种，裸子植物 7 科 12 属 15 种，被子植物 155 科 609 属 1116 种。可作中草药的约占 61% 的种，观赏树种 320 多种，纤维含量高的有 130 种，98 种油料植物。缙云山海拔较低，全山不论水平还是垂直都属于亚热带生物气候带，植被类型的分布天然上来看是没有垂直带谱的特点，但由于各种人为因素的影响，使其在垂直方向上呈现了一定程度上的差异。

◆ **土壤资源**

缙云山海拔 500 米以下为侏罗系紫色砂页岩，发育着中性或微碱性土壤，坡度大的地方开辟为柑橘果园，缓坡地带为农耕旱地，（在 1 ∶ 100 万土地资源图土地评价中评为三等农用地）；海拔 500 米以上为三叠系须家河组的砂岩，发育着酸性黄壤，其中海拔 500 ～ 750 米的东南坡，由于坡度较陡，受流水的侵蚀作用较强，发育着瘠薄的黄壤，上生马尾松林，海拔 750 米以上地势平缓，流水侵蚀比较弱，发育比较良好的酸性黄壤，上生针阔混交林和常绿阔叶林。

◆ **水文特征**

据北碚气象站 1935 ～ 2006 年资料统计，缙云山多年最大降雨量 1544.8 毫米（1968），最小降雨量 785.4 毫米（1961），平均降雨量 1107.01 毫米。大于 1000 毫米的降雨量的年份占 70%，降雨的季节性特征明显，多集中于 5 ～ 9 月，占全年降雨量的 75%，年平均相对湿度为 80%。嘉陵江位于缙云山底，是北碚区内最大的过境河流，汛期洪水位表现为涨落快，变幅大的特点，据北碚水文站历年观测资料，嘉陵江最高洪水位 214.00 米（1870），多年平均洪水位为 195.97 米，常年平均水位为 183.42 米，枯水为 173.40 米。

◆ **自然与人文景观**

缙云山是具有 1500 多年历史的佛教圣地，与四川青城山、峨眉山并称为"蜀中三大宗教名山"。从北到南有朝日峰、香炉峰、狮子峰、聚云峰、猿啸峰、莲花峰、宝塔峰、玉尖峰、夕照峰九峰横亘，其中玉尖峰最高，海拔 1050 米。景区有佛光岩、相思岩、舍身崖、黛湖、白云竹海等众多优美的自然景观。缙云山人文资源十分丰富，有缙云寺、温泉寺、白云观、绍龙观、复兴寺、石华寺等八大古刹和晚唐石照壁、明代石牌坊、宋代石刻等名胜古迹。有世界佛学苑汉藏教理院（1932）遗址和狮子峰寨、青龙寨等古寨遗迹；还是具有 1500 多年历史的佛教圣地，有 20 世纪 50 年代中共西南局领导夏季办公旧址（贺龙院和小平旧居）等；现新建有白云观、绍龙观等道教文化园区和景点。景区每年举办缙云登山节和缙云论剑武林大会。

剑门山

剑门山是中国四川省名山。历史上著名关隘。

剑门山位于四川盆地西北部剑阁县境内。分为大剑山和小剑山两部分，大剑山又称梁山，小剑山在大剑山西南部。三国蜀汉丞相诸葛亮在大剑山中段依崖砌石为门，故名剑门关。大剑山与小剑山之间筑有飞梁阁道，剑阁也因此得名。剑门关峭壁如城墙，独路如门，是古蜀道的咽喉，古代兵家必争之地，也是川陕公路要隘。山脉呈东北—西南走向，长 70 千米，最高峰海拔 1178 米。山体主要由白垩系坚硬砾岩构成，地层经褶皱上升后形成单面山，山体北陡南缓，后期经侵蚀风化作用，

梁山寺

形成山峰突兀、峰峰如箭的地貌，其中以剑门七十二峰最著名。名胜有梁山寺、舍身崖、仙女桥、金牛峡、雷峰峡、后门关、剑阁古柏等。剑阁县古柏达8100多株，大者可以数人合抱，为剑门山胜景。剑阁手杖风格独特，远销国外。

华东名山

黄　山

黄山是中国名山。

黄山位于安徽省南部黄山市境内、黄山山脉中段。南北长约40千米，东西宽约30千米，总面积约1200平方千米，其中黄山风景区面积160.6平方千米。东起黄狮，西至小岭脚，北始二龙桥，南达汤口镇，分为温泉、云谷、玉屏、北海、松谷、钓桥、浮溪、洋湖、福固9个管理区。秦称黟山，唐天宝六载（747）改名黄山，别称黄岳。自然风景优美，明代地理学家、旅行家徐霞客曾有"薄海内外无如徽之黄山，登黄山天下无山，观止矣！"之赞，后人据此概括为"五岳归来不看山，黄山归来不看岳"。1990年被列入世界自然文化遗产保护目录。2004年入选首批世界地质公园，成为同时获得世界文化和自然遗产以及世

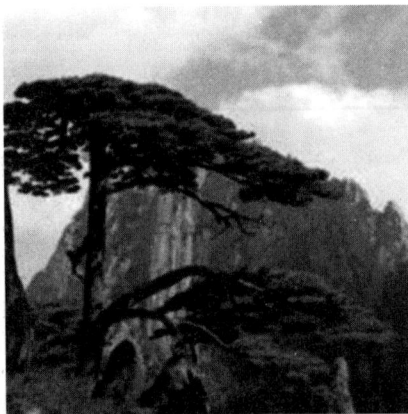

黄山迎客松

界地质公园三项荣誉的旅
游胜地。2007 年被评为
"中华十大名山"，列中
国名山第四位，仅次于泰
山、珠峰、峨眉山。2015
年被列入首批世界自然保

黄山云海

护联盟（IUCN）绿色名录。2018 年成为世界生物圈保护区网络成员。

黄山系江南丘陵的组成部分，沿东北—西南方向延伸。山体主要由燕山期花岗岩构成，垂直节理发育，侵蚀切割强烈，多悬崖峭壁和深谷，形成石柱、石笋等独特的黄山花岗岩峰林地貌。区内有已命名的山峰 72 座，其中莲花峰、天都峰、光明顶为黄山三大主峰。莲花峰海拔1864.8 米，为安徽省最高点。全山计有风景点 400 多处，现已开放 140余处。黄山风景兼有泰山之雄伟，华山之峻峭，衡山之烟云，庐山之飞瀑，峨眉山之清凉，并以奇松、怪石、云海、温泉、冬雪为"黄山五绝"；此外有 2 湖、16 泉、24 溪及岩、洞、潭、峰等胜景。属亚热带季风气候，山高谷深，气候呈垂直变化，局部地形对气候起主导作用，形成特殊的山区季风气候。山上盛夏均温约 18℃，山下温泉水温 42℃ 左右，适合避暑、疗养。

黄山素有华东植物宝库和天然植物园之称。景区森林覆盖率为84.7%，植被覆盖率达 93.0%，有高等植物 222 科 827 属 1805 种，有黄山松、黄山杜鹃、天女花、木莲、红豆杉、南方铁杉等珍稀植物，尤以黄山松、名茶"黄山毛峰"、名药"灵芝草"驰名中外。植物垂直分布明显，大致海拔 1100 米以下为亚热带常绿阔叶林带；1100 ～ 1600 米为落叶阔叶林带；1600 米以上为山地矮林和山地草甸带。有鸟类 176 种，兽类 54 种，有白颈长尾雉（山鸡）、猕猴（黄猴）、短尾猴（青猴）、梅花鹿、野山羊、麋鹿（四不像）、豹、棕噪鹛（八音鸟）、白鹇鸟、相思鸟等珍禽异兽。黄山旅游事业发展较快，1979 年以来登山游客逐年增多，2023 年黄山风景区全年接待游客 457 万。

琅琊山

琅琊山是中国安徽省名山。

琅琊山位于安徽省滁州市西南，城山相接。面积 115 平方千米。有醉翁亭、琅琊寺、凤凰湖、龙华寺、丰乐亭、普贤庵、清流关、龙尾山 8 个景区。古称摩陀岭，后由晋元帝司马睿以其王号封而得名。1988 年被列为国家重点风景名胜区。2001 年被列为国家 AAAA 级旅游景区。

琅琊山地处江淮之间的低山丘陵地带，地形西南高，东北低。最高峰小丰山海拔 321 米，其他山峰海拔 200 ～ 300 米。有琅琊溪、让泉、濯缨泉等溪流山泉散布。熔岩发育出露，有归云洞、雪鸿洞、桃源洞、重熙洞等，有皖东明珠的美誉。属北亚热带向暖温带过渡的湿润季风气候，气候温和，雨量充沛，季风明显，四季分明。年平均气温 15.2℃，冬季月平均气温 1.5 ～ 4.5℃，夏季平均气温

醉翁亭

27～28℃，平均年降水量约 1050 毫米，无霜期 217 天。森林覆盖率达 90%。生物资源丰富，琅琊榆、醉翁榆为琅琊山所特有。琅琊山独有的名山、名林、名泉、名洞、名亭、名寺、名文、名人景观造就了琅琊山"八名"胜境。其中，唐建琅琊寺为皖东著名佛寺和游览胜地，亦是汉族地区佛教全国重点寺观之一；宋建醉翁亭、丰乐亭并称姊妹亭，因北宋大文豪欧阳修被贬滁州后，著有散文名篇《醉翁亭记》《丰乐亭记》而扬名海内外。醉翁亭被誉为"天下第一亭"，列中国四大名亭——醉翁亭、陶然亭、爱晚亭、湖心亭之首。

天柱山

天柱山是中国安徽省名山。又称潜山、皖山、皖公山等。

天柱山位于安徽省安庆市潜山县境内，距潜山县城约 20 千米。包括三祖寺、虎头崖、茶庄、马祖庵、青龙涧、主峰、铜锣尖（后山）、九井河 8 个景区。总面积 304 平方千米，其中主景区面积 102.7 平方千米。1982 年被列为国家级重点风景名胜区。2011 年被评为国家 AAAAA 级旅游景区。同年 9 月被评为世界地质公园。

天柱山山体主要由燕山期二长片麻岩和混合花岗岩组成，略呈北西走向，构成分水岭。主峰天柱峰海拔 1489.8 米，劈地摩天，呈垂直型分布，有"中天一柱"之誉。属北亚热带湿润季风气候，森林覆盖率达 97% 以上，景区生态环境质量优良，被誉为绿色博物馆、天然大氧吧。植物垂直分布明显，有植物 119 科，计千种以上，有古树名木近 400 株，观赏花卉 700 多种。野生动物种类众多，以东洋界为主，兼有古北界类、哺乳类

天柱山主峰天柱峰

共6目14科40余种，鸟类有12目26科87种，有豹子、果子狸、娃娃鱼等11种国家重点保护动物。景区群峰峥嵘，怪石罗列，雄、奇、灵、秀兼备。天然风景有42峰、53怪石、18岭、17崖、25洞、7关、8池及苍松、翠竹、云海、飞瀑、流泉等；并有佛光寺（别称马祖庵）、三祖寺（一名山谷寺、乾元禅寺）、觉寂塔、西关寨刘源石刻、石牛古洞，以及石牛溪崖壁上自唐宋以来的280余条摩崖石刻等文物古迹。石刻是天柱山风景区的一大奇观，从山麓的石牛溪旁，到天柱峰峰顶比比皆是。

鼓 山

鼓山是中国福建省福州市名山。

鼓山位于福建省福州市东郊，闽江北岸。主峰海拔969米，总面积48平方千米。晋代时与旗山一起被称为全闽二绝。魏晋南北朝时建有佛教丛林。宋代始至今皆为福州首选的游览胜地，有今古名山之称，蓬莱左股之誉。因顶峰有一巨石如鼓，每当风雨交加，便有簸荡之声，故名鼓山。鼓山分为鼓山、鼓岭、鳝溪、磨溪、凤池白云洞五大景区。2002年鼓山风景名胜区被列入第四批国家级风景名胜区名单。2010年被评为国家AAAA级旅游景区。

属亚热带海洋性季风气候，春季阴湿多雨，夏季炎热且盛行台风，秋季日照充足，冬季少雨但无严寒。景区内水资源丰富，溪流众多，但分布不均匀。森林植被主要包括针叶林、阔叶林、次生林 3 种植被型，植被生长茂盛，绿树成荫，鸟语花香。花岗岩低山地貌受北东、南北向断裂的控制十分明显。

鼓山大桥

宋代时，著名哲学家、教育家朱熹游历八闽山水，独爱鼓山，称其为闽山第一。在大顶峰西南侧涌泉寺居闽刹之冠，五代时闽王王审知修建，距今有千年历史。寺院巧妙地分布在山泉古树，层峦叠嶂之中，给人以"进山不见寺，入寺不见山"之感。寺中千年铁树、鸡丝木供桌及血经书称为镇山三宝。寺前千年陶塔，世所罕见。喝水岩为鼓山风景区核心景观之一。相传涌泉寺第一代住持神晏法师在此岩中面壁独坐参禅谈经，因觉水声喧嚣，大喝一声，使涧水改道从东侧半山涌泉亭的石龙嘴涌出，喝水岩因而得名。古树名木为鼓山风景名胜区的一大特色。

井冈山

井冈山是中国名山。

井冈山位于江西省西部与湖南省交界处，地跨江西境内的井冈山市和永新县、遂川县，以及湖南省的炎陵县。属于罗霄山脉的中段，万洋山北端山体呈北北东—南南西向。主要山峰海拔一般均在 1000 米以上，主峰五指峰海拔 1597.6 米。黄洋界、桐木岭、朱砂冲、八面山和双马石为井冈山五大哨口，分布在井冈山中心茨坪的四周，扼守着进出井冈

江西省井冈山市"胜利的号角"雕塑

山的 5 条主要交通要道，具有"一夫当关，万人莫敌"之险，军事地位重要。地处中亚热带湿润性季风气候区，四季分明，气候温暖，雨量充沛。森林茂密，植被覆盖率达 86%。井冈山拥有全球同纬度迄今保存最完整的次生原始森林 70 平方千米，还有一片被联合国环境保护组织誉为世界仅有的次生原始常绿阔叶林。井冈山千峰竞秀，万壑争流，苍茫林海，飞瀑流泉，融雄、险、秀、幽、奇为一体，峰峦、山石、瀑布、溶洞、温泉、珍稀动植物、山地田园风光应有尽有。

1927 年 10 月，毛泽东、朱德等率领中国工农红军来到井冈山，创建了中国第一个农村革命根据地，井冈山因此被誉为中国革命的摇篮。现保存完好的革命旧址遗迹有 100 多处，其中 24 处被列为全国重点文物保护单位。茨坪、大井、小井、黄坳等地都是革命纪念地，建有井冈山革命博物馆、井冈山会师纪念碑、革命烈士纪念塔、烈士陵园等。井冈山已经与众多的革命遗址形成一个整体，成为爱国主义以及革命传统教育的重要基地。1982 年，井冈山被列为第一批国家级重点风景名胜区；2007 年被评为全国首批 AAAAA 级风景名胜区。

庐　山

庐山是中国名山。又称匡庐、匡山。

庐山位于江西省九江市濂溪区、柴桑区南，西北滨长江，东南临鄱阳湖。南北长约 25 千米，东西宽约 15 千米。占地面积 302 平方千米。1982 年被列为首批国家级风景名胜区。1996 年，以"世界文化景观"列入《世界遗产名录》。2003 年被评为"中华十大名山"之一。2004 年成为首批世界地质公园网络成员之一。2007 年被评为国家 AAAAA 级旅游景区。

地处江南台背斜与下杨子凹陷交接带，系第三纪末或第四纪初受喜马拉雅运动影响，因断层作用使地块上升而形成的断块山。呈东北—西南走向，相对高度 1200 ~ 1400 米。奇峰峻岭众多，主峰汉阳峰海拔 1473.4 米。具有独特的第四纪冰川遗迹，是中国第四纪冰川学说的诞生地。属中亚热带湿润山地气候，春温、夏凉、秋爽、冬寒，光照充足，年平均气温 11.5℃，年平均相对湿度 75%，山中温差大，云雾多；年平均降水量可达 1950 ~ 2000 毫米，雨量充沛、气候温和宜人。庐山植物资源丰富，有高等植物 2200 余种，珍稀濒危植物有银杏、柳杉、金钱松、庐山黄杨等 40 余种；现存的古树除晋代的柳杉、银杏和罗汉松外，还有唐宋的樟树、苦槠、甜槠和桂花，明代的枫香树、槐树、马尾松和重阳木等；1934 年建立的庐山植物园是中国第一座植物园，先后引进国内外植物 3000 余种。庐山有着极为丰富的动物资源，其中属于国家重点保护野生动物的有穿山甲、獐、鹿、天鹅、白鹇、猫头鹰、棘胸蛙等 150 余种。自然景观主要有牯岭、石门涧、秀峰、汉阳峰、五老峰、

庐山风景区雪景

铁船峰、第四纪冰川遗迹、庐山植物园、好汉坡、九十九盘古道、锦绣谷、花径、三宝树、含鄱口、龙首崖、大天池、小天池、三叠泉瀑布、碧龙潭瀑布、大口瀑布、黄龙潭、乌龙潭、芦林湖、如琴湖、聪明泉、卓锡泉、招隐泉、谷帘泉等；人文景观主要有庐山博物馆（芦林一号别墅）、美庐别墅、庐山会议旧址、白鹿洞书院、仙人洞、东林寺、西林寺、铁佛寺、诺那塔院、庐山英国基督教堂、御碑亭、陆军第九十九军抗战阵亡将士纪念园等。

庐山自古以来以文化名山传世。隐居、游历于庐山的历代名人数不胜数。李白、李渤、白居易、刘焕、张九龄、韦应物、孟浩然、颜真卿、欧阳修、范仲淹、"三苏"、朱熹、黄庭坚、米芾、毛泽东、郭沫若等1500 余人留下题咏庐山的诗词歌赋 4000 余首，摩崖石刻 1300 余刻。唐代诗人李渤隐居读书的白鹿洞，发展为全国四大书院之一的白鹿洞书院，在中国文化教育史上具有重要地位。庐山还是宗教名山，历史上有寺庙 360 所，道观 200 余处，为中国南方宗教中心。东汉时期的东林寺与西林寺均依庐山而立，是庐山历史最为久远的寺庙之一，至今仍然闻名于世。佛教与道教、基督教（新教）、东正教、天主教、伊斯兰教一起构成了庐山神秘且极具魅力的宗教世界，使庐山成为中国独具特色的宗教圣地。庐山牯岭镇东谷保留了晚清民国时期建造的 100 多幢别墅，这些别墅具有美国、英国、法国、德国、俄罗斯、芬兰、荷兰、奥地利、意大利等 20 多个国家的建筑风格，今已成为西洋建筑艺术博物馆。美庐别墅等因与近现代中国诸多重大历史事件相关，已成为国家重点文物保护单位。

三清山

三清山是中国江西省名山。为中国道教名山。又名少华山、丫山。

三清山位于江西省上饶市玉山县与德兴市交界处，地处怀玉山脉腹地。山体南北长12.2千米，东西宽6.3千米，由东南向西北倾斜。为世界自然遗产地、世界地质公园、国家地质公园、国家AAAAA级旅游景区。

三清山因玉京、玉虚、玉华三峰宛如道教玉清、上清、太清三位尊神列坐山巅而得名。在地质史上经历了长达14亿年的沧海巨变，自中元古界以来，发生了3次大规模的海侵和多次造山运动，中生代的燕山运动奠定了其地质基础。由于地处造山运动频繁而剧烈地带，三清山景区地势起伏明显。主峰玉京峰，海拔1816.9米，为江西第五高峰，也是信江的源头。三清山属花岗岩构造侵蚀为主的中山地形，不同地质时期形成的花岗岩微地貌密集分布，展示了世界上已知花岗岩地貌中分布最密集、形态最多样的峰林。三清山植物区系组成丰富，垂直分布比较明显，有2373种高等植物；独特的地理环境使动物种类具有多样性，有1728种野生动物。三清山东险、西奇、北秀、南绝，美在古朴自然、奇在形神兼备，有三清奇松、奇峰怪石、云海、杜鹃、高空栈道、日出晚霞、佛光等特色景点。主要景观包括东方女神、巨蟒出山、猴王献宝、玉女开怀、老道拜月、观音赏曲、葛洪献丹、神龙戏松、三龙出海和海狮吞月等。1600余年的道教历史孕育了丰厚的道教文化内涵，按八卦布局的三清宫古建筑群，被国务院文物考证专家组评价为"中国古代道教建筑的露天博物馆"。《中国国家地理》杂志推选三清山为中国最美的五大峰林之一。中美地质学家一致认为，三清山上的花岗岩是"西太平洋边缘最美丽的花岗岩"。

青云山

青云山是中国福建省名山。

青云山位于福建省永泰县岭路乡、赤锡乡境内。面积47平方千米。海拔在1000米以上的山峰有7座，最高峰海拔1130米。另有9条峡谷溪流。因山峰平地拔起，矗立青云而得名。2003年被评为国家AAAA级旅游景区。2004年被评为国家级风景名胜区。山高林茂，云雾缥缈，瀑布众多。是集峡谷、森林、瀑布、古火山口、高山牧场和鸟类自然保护区为一体的生态旅游景区。

青云山属南亚热带季风气候，气候温暖湿润。森林植被类型多样，共有6个植被类型，94个群系和147个群丛。包括国家重点保护野生植物南方红豆杉、刺桫椤、福建柏、长苞铁杉、花榈木等。发现有鸟目13类60种，兽类6目18种，及鱼类、两栖类、昆虫类等丰富的动物物种资源。国家级保护动物达20种，其中国家二级保护野生动物有松雀鹰、红隼、白鹇等。主要景点有九天瀑布、青龙瀑布、云天石廊、白马峡谷、桫椤神谷、中国云顶、红军洞等。

青云山云顶山

清源山

清源山是中国福建省名山。

清源山位于福建省泉州市市区北郊，晋江下游东北岸。总面积 62 平方千米，由清源山、九日山、灵山圣墓三大片区组成。因位于泉州北郊，故俗称北山；又因峰峦之间常有云霞缭绕，亦称齐云山。1988 年被列为国家级风景名胜区。2012 年升为国家 AAAAA 级旅游景区。清源山属花岗岩地貌的山地丘陵，地势起伏、岩石突兀，主景区最高海拔 498 米。

据《泉州府志》记载，清源山最早开发于秦代，中兴于唐代，宋元时期最为鼎盛。经过了历代开发，山上留下了大量文物古迹现存完好，有全国重点文物保护单位 3 项 8 处，宋、元时期石雕造像 7 处 9 尊，历代摩崖石刻 600 多方，元、明两代花岗岩仿木结构的石室多处，是海上丝绸之路的瑰宝。最引人注目的宋代石刻老君巨型石雕像，是中国现存最大的道教石雕像，高 5.63 米、厚 6.85 米、宽 8.01 米，席地面积 55 平方米。有宋代伊斯兰先贤圣墓（穆罕默德高徒三贤四贤墓）、九日山祈风石刻群（海上丝绸之路历史题刻）、元代藏传佛教三世佛石刻造成像（系中国发现时代最早、保存最完整的藏传佛教摩崖石刻）、巨型石雕阿弥陀佛立像，以及近代高僧泓一法师舍利塔、

清源山老君岩景区

从中国台湾省迎回的惠安籍广钦法师灵骨等。道教、儒教、佛教、伊斯兰教、摩尼教，以及唐、宋以来的诸多石刻精品集于一山，堪称宗教石刻艺术博物馆。因山势雄伟，洞壑幽美，林泉清翠，奇石嵯峨，且有历代丰富的文物古迹，自古以来就是闽南著名的游览胜地，有闽海蓬莱第一山之誉。

冠豸山

冠豸山是中国福建省名山。

冠豸山位于福建省连城县境内城东 1.5 千米处。总面积 123 平方千米。1994 年被确定为国家级风景名胜区。2000 年被评为国家首批 AAAA 级旅游景区。2009 年被评为国家地质公园。冠豸山开发始于宋元祐（1086～1094）年间，因其主峰形似古代法官戴的帽子而得名。

冠豸山自晚侏罗世以来经历了山间盆地形成和侏罗、白垩系巨厚砂砾岩堆积成岩阶段，新构造运动使盆地隆升和节理发育。第三纪以来经历了大幅度抬升，岩层出现众多深大裂隙和多组垂直节理，发育有石墙、石堡（寨）、陡崖壁、柱峰、石梁、隙谷、嶂谷、峰林、峡谷、巷谷、天生桥等的丹霞地貌。冠豸山所在的连城白垩纪红层盆地东隅吕屋—冠豸山一带上白垩统崇安组紫红色厚层—巨厚层砾岩、砂砾岩经内、外动力地质作用，形成了堡峰、锥峰、墙峰、柱峰、石堡、石墙、石

冠豸山风光

柱等正地貌以及线谷、巷谷、峡谷等负地貌，构成以紧闭型展布的峰丛-峡谷组合为特征的丹霞地貌景观。属南亚热带湿润季风气候，年平均气温 18.8℃，平均年降水量 1724 毫米。山区有高等植物 185 科 992 种，其中蕨类植物 31 科 103 种，裸子植物 7 科 16 种，被子植物 147 科 873 种。

冠豸山风景区集山、水、岩、洞、泉、寺、园诸神秀于一身，雄奇、清丽、幽深，与武夷同属丹霞地貌，被誉为"北夷南豸，丹霞双绝"。主要由獬豸冠、石门湖、竹安寨、旗石寨、九龙湖、云霄岩等组成。冠豸山景观有三绝：①竹安寨景区的寿星石，栩栩如生。②竹安寨景区的水门墙，气势恢宏。③冠豸山景区的照天烛，拔地而起 50 余米，直插云天。生命之根、生命之门并存于风景区，阴阳称双绝，令游人惊叹不已。冠豸山人文景观异常丰富，有宋元以来修建的修竹书院、雁门书院、五贤书院、摩崖石刻 40 多处，其中林则徐所题的"江左风流"、纪晓岚所题的"追步东山"等名匾收藏于冠豸山中。

九仙山

九仙山是中国福建省名山。

九仙山位于福建省德化县西北部的赤水、上涌、大铭三乡镇交界处，距县城 30 千米，景区面积 30 平方千米。据《德化县志》记载，"相传昔有隐士九人居此，俱仙去"，故得名九仙山。九仙山是闽南地区重要旅游胜地和佛教活动场所。2014 年被评为国家 AAAA 级旅游景区。

九仙山属戴云山脉，呈西北—东南走向，山体地面起伏大，西北坡陡峭，东南坡平缓，岩性以火成岩为主。主峰尺五天海拔 1658 米，高峻陡峭。属亚热带山地气候，同时又受海洋气候影响，常年温湿，年平均气温 12℃，平均年降水量 1750 毫米；九仙山年平均风速 7.0 米 / 秒，大风日达 203.6 天（仅次于吉林天池）；相对湿度 87%（仅次于四川千佛山）；年平均雾日 300 天（仅次于四川峨眉山），其风速、湿度之大、雾日之多，在全国均居第二位。山顶建有全国重点、福建省唯一的高山气象站——九仙山气象站。九仙山森林覆盖率达 82%，植被区划属南亚热带季风常绿阔叶林区，植物生长繁茂，植被类型复杂，常绿阔叶林以槠栲类为主，山下分布马尾松与毛竹混交林，山顶有灌丛和台湾松林。

由于常年云遮雾绕，九仙山经常出现云海、云瀑、佛光等气象景观；冬天，整座九仙山银装素裹，是闽南地区观赏雪景、雾凇的绝佳去处；山中奇石异洞更是不胜枚举，仙桃石、寿龟石、夫妻跷跷石、旋转石等形态逼真，蛇岳洞、九十九洞、摩云洞、齐云洞、弥勒洞等自然景观玄妙神奇。

山上拥有千年古刹灵鹫岩和永安岩，均为德化县级文物保护单位。①灵鹫岩。位于九仙山巅东侧，始建于唐朝开元四年（716）。唐初，

九仙山雾凇

福建沙县梅列邹无比在九仙山牧牛，种菜，长期修行佛法，后坐化成佛；开元四年，信徒为其塑像崇拜，奉为邹公祖师，并以石柱石梁建灵鹫岩奉祀，寺的墙、柱均为石筑，释迦牟尼等 15 尊佛像亦为石雕；明万历（1573～1620）年间柱础重修，新建山门石坊；明清时代，灵鹫岩一度成为福建省尤其是闽南一带佛教活动的中心之一，据清乾隆版《九仙临峰谱》载：明弘治（1488～1505）年间由福州鼓山（禅宗派）密宗第四徒僧道盛（号一斋）来德化主持大白岩，其僧徒分成九仙派 18 个支系，发展至 900 多人，分住或住持福建省 89 处寺庙；灵鹫岩寺历经沧桑，"文化大革命"期间被毁。1988 年初，原灵鹫岩住持、现美国美洲佛教会永远顾问兼副会长释宽净法师倡议重建，历经两年，大雄宝殿、观音殿、禅房、钟鼓楼、外山门等先后落成。②永安岩。位于九仙山南部，明天顺（1457～1464）年间，史云济在此出家，史氏坐化后，铭山周进宗与侄儿周琼六捐献山场，筹建岩宇，取名永安岩。万历三十三年（1605）和中华民国初期寺庙再次重修。现总建筑面积 830 平方米，由正殿、中殿、下殿、观音楼、地藏殿、禅房等组成，正殿供奉史云济祖师，左右分别供奉蛇岳尊王、伽蓝佛和檀越王周进宗、周琼六的塑像。正殿藻井为太极图，结构复杂精巧，独具一格。中殿塑有释迦牟尼佛像，又称释迦殿。

江郎山

江郎山是中国浙江省名山。

江郎山位于浙江省江山市石门镇境内。地处华南褶皱系江山—绍兴深断裂和保安—峡口—张村断裂带之间。白垩纪早期该两大断裂的拉张断陷导致峡口盆地的形成，随之主要有下白垩统永康群馆头组、朝川组和方岩组在盆地中沉积。白垩纪晚期发生强烈挤压，峡口盆地逐渐隆升。新生代以来，峡口盆地在构造抬升中，产生大量张断裂和节理，加速了岩体的切割及其后的崩塌，导致了丹霞地貌的发育。壮观而独特的老年期孤峰—巷谷丹霞地貌景观，与福建泰宁、湖南崀山、广东丹霞山、江西龙虎山、贵州赤水在2010年8月共同被列为中国丹霞《世界遗产名录》。属于国家级重点风景名胜区和国家AAAAA级旅游景区。

江郎山古称玉郎山、金纯山，以三爿石著称于世，在海拔500米的山地之巅，高300余米的三爿巨石拔地而起，摩云插天，自北向南呈川字形排列，依次为郎峰、亚峰、灵峰，人称三爿石，移步换形，与云同幻，最高点海拔819.1米。三峰之间，有大弄、小弄可出入。小弄宽仅3米余，岩壁如削，被地质学家勘定为中国一线天之最。从唐宋以来，白居易、陆游、杨万里、辛弃疾、徐渭等名人都在江郎山留下诗作，明旅行家徐霞客也曾三次造访。主要景点有神笔峰、会仙岩、一线天、开明禅寺、霞客游踪、丹霞赤壁、登天坪、十八曲、天桥、郎峰天游、天梯、钟鼓洞、烟霞亭、江郎书院、伟人峰、须女湖等。三爿石、

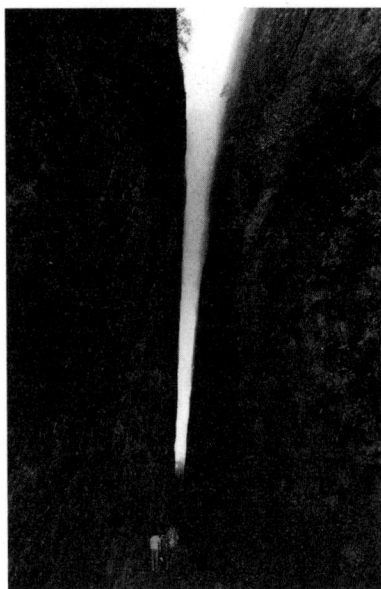

一线天

一线天、郎峰天游和江郎云海共称"江郎四绝"。

莫干山

莫干山是中国浙江省名山。

莫干山位于浙江省德清县境内。相传春秋时为莫邪、干将铸剑的地方，故名。莫干山地处天目山区，为天目山脉的余脉，形成于中生代晚侏罗纪的燕山运动和以后的喜马拉雅运动。因伴有强烈的火山喷发和岩浆侵入活动及不平衡升降，产生了以花岗岩和流纹岩为主体的火山隆起构造，峰峦起伏绵延。主峰塔山，海拔719米，顶呈圆形，为观日出胜地。相传937年在山顶上建有宝塔，故名塔山。风景名胜区面积43平方千米。为中国四大避暑胜地之一，国家级重点风景名胜区，国家AAAA级旅游景区，国家森林公园。

莫干山素以竹、云、泉"三胜"和清、静、绿、凉"四优"而驰名中外。森林覆盖率高达92%，竹木葱郁，绿荫环径，泉清瀑秀，云雾缭绕。夏季气温较低，7～8月平均温度仅24.1℃，早晚尤为凉爽，最宜避暑。

莫干山风景名胜区风光妩媚，景点众多，有风景秀丽的芦花荡公园，清幽雅静的武陵村，荡气回肠的剑池飞瀑，史料翔实的白云山馆，雄气逼人的怪石

剑池飞瀑

莫干山民宿

角，野味浓郁的塔山公园，以及天池寺踪迹、莫干湖、旭光台、名家碑林、滴翠潭等百余处。

竹海中，隐藏着建于清末至民国期间的 200 多幢精致的度假别墅，荟萃了英、法、美、德、日、俄等数十个国家的建筑风格，使莫干山成为近代举世闻名的世界建筑博物馆。而每一幢别墅里，都蕴藏着莫干山丰富的历史文化、名人事迹。21 世纪初，莫干山麓以裸心谷、莫干山法国山居等为代表的洋家乐乡村旅游，将莫干山避暑旅游推向了一个新的发展阶段。

天台山

天台山是中国浙江省名山。

天台山位于天台县东北 25 千米处。风景区面积共计 181.7 平方千米，其中一、二级景区 58.2 平方千米，核心景区面积 5.4 平方千米。据《雍正浙江通志》卷十六记载："山有八重，四面如一，当斗牛之分，上应台宿，故曰天台。"属仙霞岭分支，呈西南—东北走向，平均海拔 500 米以上，山体连绵、群峰峥嵘、洞穴幽深、峻岩多姿、飞流喷泻、

天台县天台山

云溪汹涌、寺院林立。主峰华顶山海拔 1098 米。山体主要由花岗岩构成，节理发育，经风化侵蚀，常形成悬崖峭壁。名胜有石梁飞瀑、华顶日出、云锦杜鹃、国清寺、

天台山麓国清寺

隋塔、智者塔院等。以石梁瀑布最有名，丛山苍翠中，一石横空，双涧争流，急流从梁下四十多米高的峭壁上呼啸而下，色如霜雪，势若奔雷，雄伟奇丽。石梁右侧有宋代书法家米芾写的"第一奇观"，以及康有为写的"石梁飞瀑"等摩崖石刻 30 多处。1988 年被列为国家重点风景名胜区。2015 年被列为国家 AAAAA 级旅游景区，素有"佛宗道源，山水神秀"之美誉。

天台山是中国佛教天台宗和道教南宗的发祥地。天台山麓国清寺，始建于隋开皇十八年（598），是中国著名古刹之一，为佛教天台宗的发祥地。石梁方广寺则是佛典记载五百罗汉的总道场所在地。紫阳真人张伯端独创《悟真篇》，开创道教丹鼎派南宗。天台山是济公活佛故里。济公，原名李修元，天台城关小北门外石墙头人。少时受佛道文化熏陶，

天台山景区通往主峰的霞客古道

涉猎经史传统文化，善诗、词。父母亡后，先后于国清寺、灵隐寺、净慈寺拜师学佛，被赐法号道济，圆寂后人们称其为济公活佛。

天台山是天然的植物园和动物园，奇草异木、珍禽异兽甚多。有

隋梅、唐樟、宋柏、宋藤，有名贵药材天台乌药、铁皮石斛、白术、茯苓等，盛产优质云雾茶。尤其是广布千米山顶的云锦杜鹃，龄逾百年，古干如铁，虬枝如钩，枝繁叶茂。另外，还有大灵猫、鬣羚、云豹等珍稀野生动物。

雁荡山脉

雁荡山是中国浙江省东部名山。

雁荡山脉位于浙江省东南沿海。以瓯江为界，北属北雁荡山脉，南属南雁荡山脉。因山顶有湖荡，春天大雁多宿于此，故得名。

北雁荡山脉北起永嘉—黄岩县界的大寺尖（海拔1252米），向东南延至望海岗（海拔1127米），急转向南沿永嘉—乐清界延伸没入瓯江，海拔由1000米左右逐渐减低到500米，成为楠溪与向东独流入海诸小河的分水岭。西北部为剥蚀中低山区，东南部为丘陵平原区。北雁荡山"天下奇秀"，巨厚的流纹质火山岩层垂直节理发育，在外动力地质作用下形成的叠嶂、方山、石门、柱峰、岩洞、天生桥和峡谷、瀑潭、洞溪和河湖等景观，记录了地壳抬升、断裂切割、重力崩塌、流水侵蚀和风化剥蚀等地质作用过程。呈层圈带分布格架的景观，反映了环形火山构造与区域构造的叠加作用。主峰百岗尖西峰，海拔1108.0米。雁荡是破火山口，中为花岗岩，周围由流纹岩、凝灰岩环绕，山脊顶部已遭夷平。据1924年《雁荡山志》记载，明朝时有"奇峰百二、一百零三岩、二十九石、六十洞、二十三瀑、二十一嶂、二十二潭、九门四阙、八岭一窝、九谷八坑、七天二孔、九泉一井、十溪一涧"等自然景观。北雁荡山分灵峰、三折瀑、灵岩、大龙湫、雁湖、显胜门、仙桥、羊角洞 8 个景区，东南部风景较为集中，其中"二灵一龙"（灵峰、灵岩、大龙湫）为雁荡山标志性景观。

南雁荡山脉盘踞于瓯江南岸的泰顺、文成、苍南、平阳、瑞安、瓯海 6 个县（市、区）。山势自西向东倾斜，山脉西段多中山、低中山，东段多低山丘陵。南雁荡山脉被飞云江、鳌江分割形成大小山间盆地与河谷地。较有名的山峰有泰顺、苍南边境的九峰尖（海拔 1237.3 米），平阳、苍南边境的棋盘山（海拔 1231 米），瑞安、青田边界的奇云山（海拔 1164.8 米），灵溪镇西的玉苍山（海拔 929 米），矾山镇东南的鹤顶山（海拔 989.5 米），平阳西南白云山（海拔 965.1 米），瓯海西南的岷岗山（海拔 901 米），龙湾、瓯海、瑞安交界处的大罗山（海拔 706.9 米）。苍南境内主峰玉苍山、鹤顶山及其周围数百米高的山峰，由于风化和重力崩坍，形成陡壁悬岩和塌石结成的石河。玉苍山、大罗山的花岗岩石蛋、突岩、石柱等地貌景观，千姿百态。矾山镇东北的望州山，地貌呈向西突出的半环状新月形山地。

雁荡山脉属中亚热带海洋性季风气候，四季分明，温和湿润，降水量充沛，夏少酷暑，冬无严寒，无霜期长，光照适宜。受季风环流影响，台风、暴雨、干旱等灾害性天气时有发生。森

观夕硐

林覆盖率在 70% 以上，主要植被类型有：①常绿阔叶林，分布在海拔 600～1000 米，主要树种有樟楠类、槠栲类、冬青科、山矾科、杜英科等。②落叶阔叶林，零星分布在海拔 700 米以上，主要树种有水青冈属、椴属、栎属、榆属、枫香属、酸枣属等。③常绿针叶林，分布面广，主要树种有马尾松、黄山松、刺杉、柳杉、柏木等，其中马尾松遍布海拔 800 米以下的低山丘陵，黄山松林则分布在海拔 800 米以上。④针阔叶混交林，主要树种有松、杉、柏与木荷、枫香、苦槠、樟等。⑤竹林，分布在海拔 1000 米以下低山丘陵，以毛竹为主，还有水竹、青皮竹、凤尾竹、孝顺竹、绿竹、麻竹等。⑥海拔 1000 米以上山巅主要为灌丛植被与草丛植被，局部地段出现草甸植被与沼泽植被。

北宋科学家沈括于熙宁七年（1074）游历雁荡，在学界首次提出了流水侵蚀作用形成雁荡山地貌特点的论断，比近代"地质之父"英国人郝登 1788 年提出的流水侵蚀作用的学说早 700 年。明代著名地理学家徐霞客于 1613～1632 年先后三次游雁荡，写下两篇游记。历代文人雅士为雁荡山美景所叹服，留下诗词 5000 多首、摩崖石刻 400 多处。雁荡山于 2005 年入选世界地质公园。

普陀山

普陀山即普陀岛，是中国四大佛教名山之一，素有海天佛国之称，国家级重点风景名胜区、AAAAA 级旅游景区。

普陀山位于舟山群岛中部，舟山岛东侧海域，隶属于浙江省舟山市普陀区。俯瞰呈菱形，南北长 8.6 千米，东西宽约 3.5 千米，面积 12.5

平方千米。

普陀山历史悠久，春秋战国时为甬东地。西汉成帝时，梅福来山隐居炼丹，人们称此山为梅岑。唐代佛教盛行，佛教徒便将此山改称为补怛洛迦。普陀山是供奉观音菩萨的佛教圣地，相传唐懿宗咸通四年（863），日本僧人慧锷第三次来华取经学佛，从五台山迎观音像由明州（今宁波）下海回国，经普陀洋面遇风被阻，以为菩萨不肯东去，便在普陀山潮音洞下留下佛像，由一张姓居民舍宅供奉，呼为不肯去观音院，此为普陀山开创佛教道场之始。宋乾德五年（967），赵匡胤赐锦幡，首开朝廷降香普陀之始。元丰三年（1080），朝廷赐银建宝陀观音寺。普陀山名气渐盛。嘉定七年（1214），朝廷指定普陀山为专供观音的道场。明万历三十三年（1605），神宗赐额宝陀寺为"护国永寿普陀禅寺"，普陀山遂以寺名山流传至今。山上寺院林立，佛教氛围浓郁，鼎盛时期，全山共有3大寺、88庵、128茅蓬，4000余僧侣，史称"震旦第一佛国"。现有普济寺、法雨寺、慧济寺、宝陀讲寺四大寺，大乘庵、观音洞庵、梅福庵、紫竹林庵等73庵。

全岛多为流纹质熔结凝灰岩和花岗岩所覆盖，地势中部高四周低，属侵蚀剥蚀丘陵，整体近乎南北走向，中部佛顶山为全岛之巅，海拔288.2米。沿岸海蚀、海积地貌发育。有潮音洞、梵音洞、观音洞、磐陀石、五十三参石、二龟听法石、心字石、光熙峰、东天门、南天门、千步沙、百步沙等众多地文景观。

普陀山植被繁茂，以常绿阔叶林和暖性针叶林为主，植被覆盖率70%以上，唐樟宋柏掩巨刹，山花院竹绕梵音，有普陀鹅耳枥、普陀樟、罗汉松、蚊母树、古柏、银杏、黄连木、舟山新木姜子等古树名木 66 种共 1329 株。

普陀山兼具山海之胜，既有山石之隽秀，又有海天之寥廓。自然景观多姿多态，幽中有静，幽中有雄，幽中有奇。金沙怪石，奇峰洞壑，古树清泉，加之殿宇亭阁，古刹钟声，海市蜃楼，及种种扑朔迷离的佛教故事与传说，自然景观与人文景观巧妙地融为一体。

每年农历二月十九观音圣诞日、六月十九观音成道日、九月十九观音出家日和十一月份左右的中国普陀山南海观音文化节期间，海内外佛教信众纷纷从四面八方云集普陀山敬香朝拜和参加法会，四五万僧众接踵摩肩，三步一拜齐登佛顶山，场面蔚为壮观。

大明山

大明山是中国浙江省山岳。

大明山位于浙江省临安区顺溪镇。景区面积约 29 平方千米。拥有 32 奇峰、13 幽涧、8 条飞瀑、3 个千亩以上的高山草甸，横贯六座山体的万米采矿洞穴，共有大小景点 96 个。主峰牵牛岗大明顶海拔 1489.9 米。

大明山

相传元末朱元璋曾在此屯养兵马，后率兵马出山，最终创立了大明江山，故得名。1997 年被定为浙江省级风景名胜区。2004 年被评为国家 AAAA 级旅游景区。2017 年被列入省级地质公园。

大明山滑雪场

　　大明山是黄山蜿蜒东伸进入浙江境内后派生出的一条支脉，黛然若黛的地貌和境内的自然风光，都与黄山相似。主体由燕山早期花岗岩组成，岩性中细粒黑云母花岗岩。岩体出露面积 65.7 平方千米，呈岩株状侵入到由震旦——寒武纪粉砂质泥质岩石组成的复式背斜的轴部，并受北东向区域断裂构造控制。大明山花岗岩峰丛如削如切，特别是明妃七峰——广袖、湘愁、玉筝、羞月、福冷、剑媚、落雁，峰如其名，神态各异。其他诸如独秀峰、门联峰、骆驼峰、飞来峰、双笋峰、石柱峰等，也都各具特色。

　　在海拔 1000 多米的山巅，有一马平川、广袤千亩的草甸，称千亩田。另建有 5000 平方米的戏雪区和 5 万平方米的滑雪区，是华东最大的室外滑雪场。

　　玉龙潭的上游自千亩田北龙门口以下，河床突变陡崖，溪水劈开万仞石山，飞流直下，1000 米流程落差竟达 400 多米，形成四级瀑布，以龙门瀑布最为壮观。

　　花岗质岩浆侵入结晶，残留的富含钨、铍等成矿元素的热液沿着花岗岩与围岩的接触带、断裂带沉淀和富集，形成千亩田钨铍矿。20 世纪 50 年代后期至 70 年代末，因开发钨铍矿又为这里留下了总长达 1 万余米的隧洞，形成了一批人工洞景。

　　大明山林木覆盖率高，名贵树种较多，有珍贵的黄山松、成片的云锦杜鹃及被列为国家保护植物的夏蜡梅。另有云海、日出等天象胜景和拜将台、隐将村、慧照寺、现代革命活动遗址等人文景观。

蒙 山

蒙山是中国山东省中南部名山。

蒙山位于山东省临沂市平邑县、费县和蒙阴县 3 县间。呈西北—东南走向，山岭多呈平行带状分布。东西宽约 20 千米，南北长 70 千米。海拔 700～800 米，主峰龟蒙顶海拔 1150 米，为山东省第二高峰。

蒙山属单面山型，南麓有蒙山大断裂，山势陡峻；北侧虽亦有断裂，但坡度较缓。山体由太古宇斜长角闪片麻岩及花岗岩组成，北坡主要为寒武系、奥陶系灰岩及页岩。属暖温带季风气候。蒙山是沂河上游支流的分水岭，山北诸水先入汶河再入沂河；山南诸水先入浚河、祊河再入沂河；沟谷水流分向南北，南部属沂河流域，北部为大汶河、泗河流经之地，各河支流多呈直角交汇，形成方格状水系。植被以人工林为主，森林覆盖率达 85% 以上；有乔木 43 科 129 种、灌木 16 科 59 种、草本植物 20 科 200 种、药用植物 150 科 559 种；主要树种有松、栎属、刺槐及多种果树。蒙山是中国最大的金银花产地，特产天麻、冬虫夏草、连翘、何首乌、木灵芝、沂蒙全蝎等。动物种类繁多，仅鸟类就有 28 科 78 种。金伯利钻石矿园区金刚石储量丰富，依托

临沂市蒙山风景区

世界闻名、亚洲最大且唯一在生产的金刚石原生矿而建的山东沂蒙钻石国家矿山公园，是中国唯一的钻石矿山公园。盛产优质麦饭石，麦饭石多数为灰、黑、灰白、青色，属火山岩类，有养生与药用价值。

蒙山为国家 AAAAA 级旅游景区、国家地质公园、国家森林公园，分龟蒙（以养生为主的平邑县）、云蒙（以森林娱乐为主的蒙阴县）、天蒙（以探险观光为主的费县）、彩蒙（以山林休闲为主的沂南县）四大部分。亦是山东省长寿之乡集中分布地区，山东省长寿之乡平邑县、费县、蒙阴县分别位于蒙山的西部、东南部和北部。2015 年 9 月，费县被联合国老龄事业可持续发展峰会授予"世界长寿之乡"称号。名胜古迹有万寿宫、迎仙桥、承天宫、明广寺、鹰窝峰等。

崂　山

崂山是中国山东省青岛市境内的名山。

崂山位于山东半岛西南部，青岛市东北部，距市中心约 30 千米。南临黄海，东濒崂山湾。面积约 400 平方千米。古称劳山、牢山，又称辅唐山、鳌山。"崂山"最早见于唐显庆四年（659）的《南史·明僧绍传》中；明末黄宗昌修《崂山志》后，崂山一名渐被采用。是中国首批国家级风景名胜区和国家森林公园、中国重要的海岸山岳风景胜地、国家 AAAAA 级旅游景区，2020 年入选中国避暑名山榜。

崂山山脉形成于燕山造山运动时期，山体态势以崂顶为中心，支脉向东北、东、东南、南、西 5 个方向呈放射状延伸；东部和南部陡峭，西北部连绵起伏。在山海结合部，岬角、岩礁、滩湾交错分布。山体由灰黑色花岗岩组成。崂顶为崂山主峰，又称巨峰，海拔 1132.7 米，有海上名山第一石刻。属暖温带季风气候，四季变化和季风进退都较明显，雨水丰富，年温适中，气候温和。植物种类繁多，形成森林、灌木丛、草丛、沙生植物、盐生植物及农业栽培植物等多种植被类型。海洋资源丰富，沿海鱼类约 200 余种，沿海 15 米等深线以内生物主要为贝类、甲类、软体类及藻类，有 310 余种。药用植物资源

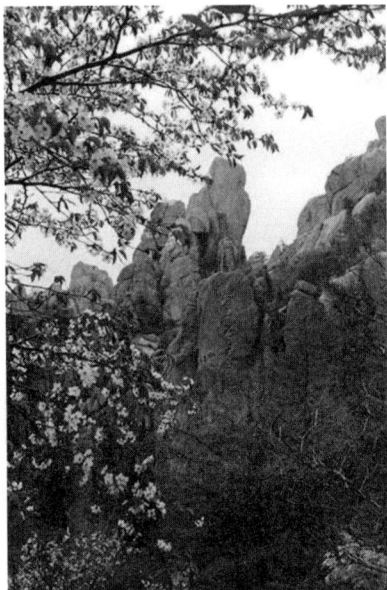

崂山巨峰景区海上名山第一石刻

近 1100 种，列山东省第一位，主要有益母草、丹参、藁本、桔梗等药用植物。崂山花岗岩坚固美丽，适于建筑。崂山矿泉属低温泉，水质优良，名扬中外。崂山绿茶，厚味浓，耐冲泡，是中国茶叶种植纬度最高的品种之一。崂山仙胎鱼为崂山独有，味鲜不腥，有黄瓜香味，肉和鳔可药用，被誉为鱼中珍品。

崂山历史文化悠久，沉积着丰厚的文化底蕴。古有"神仙之宅，灵异之府"和"泰山虽云高，不如东海崂"之赞，为著名游览避暑胜地。昔日秦始皇、汉武帝登临此山寻仙，唐明皇也曾派人进山炼药，中国古代著名诗人李白、苏轼等也有诗文记述，反清复明将领于七起义失败后避难于崂山华严寺，蒲松龄《聊斋异志》中崂山道士的故事给崂山增添几分神秘色彩。崂山是道教崂山派的发祥地，被称为道教全真天下第二

丛林，佛教在此传播有 1700 多年历史。太清宫、上清宫、明霞洞、华楼宫等历经千年而犹存，华严寺、白云洞、狮子峰、潮音瀑、蔚竹庵、龙潭瀑等亦为山间胜迹。

昆嵛山

昆嵛山是中国山东半岛东部名山。又称姑余山。

昆嵛山位于山东省莱阳市东至荣成市成山角之间，略呈东北—西南走向，长约 150 千米，面积 244 平方千米。山地平均海拔 517 米，主峰泰礴顶（俗称太婆顶）海拔 922 米，为山东半岛第二高峰。

昆嵛山山体主要由元古宇花岗岩组成，节理发育，断层较多。山脊呈锯齿状，经长期风化剥蚀，山势陡峻，峰峦耸立。山中多 V 形峡谷，谷深坡陡，形势险峻。属暖温带季风气候，四季分明，降水丰富；冬无严寒，夏无酷暑，春冷、秋暖、冬温；昼夜温差小、无霜期长、湿度较大；海洋性气候明显。以主峰为分水岭，流水呈放射状流向四周，为汉水河、沁水河、母猪河、黄垒河的发源地；自中部分水岭向北流的河流有沁水河、汉河和初村河，向南流的有黄垒河和母猪河；有大、小河流 1300 多条，均为山区雨源型河流，总长度 2300 千米。土层深厚，气候湿润，植被生长良好。有野生高等植物 161 科 536 属 1073 种（含变种、变型），维

昆嵛山

管植物 115 科 427 属 884 种（2011）；主要树种有落叶阔叶林栎属，次生针叶林以赤松为主，是中国赤松的原生地和全球赤松林分布面积最大、保护最完好的天然分布中心。野生动物 10 纲 47 目 225 科 1161 种（2012），有鸟类 48 种、爬行动物 30 多种、昆虫 143 种。北麓有龙泉温泉（俗称龙泉汤），泉水最高温度达 52℃，含有氟、硫等多种成分。

文物古迹众多，有金元全真教发源地、王莽大将巨毋霸故里、东汉大儒郑玄隐居地、昆嵛山红军游击队根据地。生态环境优越，昆嵛山国家森林公园是国家 AAAA 级旅游景区、国家级自然保护区、国家级生态旅游示范区、省级地质公园。古迹有烟霞洞、东华洞、圣水岩洞等道教遗址。名胜有泰礴观海、昆嵛叠翠、龙池喷雪、烟霞神清、太古清流、高山平湖、山市蜃楼、麻姑洞天、摩崖圣经、东华紫府、玉阳洞天、昆嵛长城，被称为昆嵛 12 景，开辟有森林观光、森林健身、森林浴、矿泉浴、康复度假、科普修学、攀岩探险等活动。

千佛山

千佛山是中国山东省济南市境内的名山。又称舜山、舜耕山。

千佛山位于山东省济南市历下区。面积 151.8 公顷，海拔 285 米。与趵突泉、大明湖并称济南三大名胜。周以前称历山，相传虞舜帝曾躬耕于历山之下。隋开皇（581～600）年间因佛教盛行，随山势雕刻了数千件佛像，始称千佛山，并建千佛寺。唐贞观（627～649）年间重新修葺千佛寺，并将千佛山改称兴国禅寺。1959 年千佛山被辟建为千佛山公园。1995 年被列为省级风景名胜区，2005 年被列为国家 AAAA

级旅游景区。

千佛山主要有兴国禅寺、历山院、万佛洞、弥勒胜苑等景点。①兴国禅寺。居千佛山山腰，被称为千佛山首刹，是全国 142 所汉传佛教重点寺院之一。寺内南崖的千佛崖有 9 个造像石窟，是隋开皇七年至开皇二十年（587～600）所造佛教凿石造像；造像镂刻精湛，尚能看出全貌的有 130 余尊。千佛崖上由西向东依次有龙泉洞、极乐洞、黔娄洞、吕祖洞。其中，极乐洞中 16 尊佛像最高达 3 米。②历山院。位于兴国禅寺东侧，也称东庙，曾是儒、道、佛三教合一的院落，有舜祠、鲁班祠、三圣殿、一览亭等景点。2009 年对历山院进行重修，依自然山势在崖壁上镌刻了长 30 米、宽 6 米，800 余字的《舜典》。是弘扬大舜文化的主要场所。③万佛洞。位于千佛山北麓，建于 1992 年。洞长 500 米，经过艺术家精选、浓缩、重构，用仿造的手法塑造佛祖、菩萨、弟子、天王像近 3 万尊。由莫高集锦、龙门精华、麦积奇观、云冈荟萃 4 部分组成，集敦煌、龙门、麦积山、云冈中国四大石窟的精华于一身。④弥勒胜苑。位于千佛山东麓，由中国与日本株式会社妙香园共同建造。占地 3 公顷。由弥勒佛雕像、石壁浮雕、樱花园和附属建筑组成，融合中日园林建筑的精华。主佛像是弥勒佛，像高 30 米，通体贴金，

千佛山桃花盛开

号称江北第一大佛。另有唐槐亭、齐烟九点古坊及山东省最大的卧佛造像等名胜。千佛山自然景观四季不同，尤以春季桃花盛开时最为美丽。

第 2 章

水

中国水系

中国水系指中国流域内所有河流、湖泊等各种水体组成的水网系统。

径流注入海洋或内陆湖泊的主流称为干流，水系的名称一般以干流的河名命名。

◆ 水系构成

水系是流域内所有河流、湖泊等各种水体组成的水网系统。其中，水流最终流入海洋的，称作外流水系；水流最终流入内陆湖泊或消失于荒漠之中的，称作内流水系。受气候和地形条件影响，中国水系分布不均匀，绝大多数河流分布在外流水系。外流水系处于东亚季风区，年降水充沛，河流众多，构成中国基本的河流水网。外流区河流的干流，有三大河源带：①青藏高原的东南。长江、黄河、澜沧江、怒江、雅鲁藏布江等发源于此。②第二阶梯边缘隆起带（大兴安岭，冀、晋山地和云贵高原一带）。黑龙江、辽河、海河、淮河、西江等发源于此。③长白山地、山东丘陵和东南沿海丘陵。图们江、鸭绿江、钱塘江、瓯江、赣江，以及珠江的东江和北江等发源于此。

内流水系由于距海遥远,来自海洋的气团较弱,降水稀少,且地处中亚荒漠和半荒漠地带,蒸发旺盛,缺少地表径流。内陆水系的高山冰雪融水补给约占河流总补给量的10%,但流路较短,出山后大多消亡于沙漠,难以形成较大的水系。

◆ **主要种类**

中国水系可分为黑龙江水系、鸭绿江水系和图们江水系、辽河海河水系、长江水系、胶东沿海水系和辽东沿海水系、黄河水系、淮河水系、额尔齐斯河水系、珠江水系、东南沿海水系、西南水系、内蒙古内流区、西北内流区和藏北高原内流区14个水系(区)。主要有:①黑龙江水系。地跨中国、俄罗斯和蒙古三国。有南、北二源,在俄罗斯的尼古拉耶夫斯克(庙街)注入鄂霍次克海。以额尔古纳河的海拉尔河源地起算,长5498千米(中国境内约4000千米),面积208.7万平方千米,其中中国、蒙古、俄罗斯境内面积分别为88.9万、19.0万、100.8万平方千米。主要支流有额尔古纳河、石勒喀河、松花江、结雅河、布列亚河和乌苏里江等。②辽河海河水系。由辽河水系、海河水系、滦河水系和徒骇马颊河水系组成的复合水系。辽河干流长1434千米,面积22.11万平方千米,主要由辽河和浑太河两大水系构成。海河水系由蓟运河、潮白河、北运河、永定河、大清河、子牙河、漳卫南运河、黑龙港水系和海河干流组成,面积23.41万平方千米。滦河水系包括滦河干流及冀东沿海32条小河,面积5.45万平方千米。徒骇马颊河水系由徒骇河、马颊河、德惠新河及滨海小河等平原河道组成,面积3.2万平方千米。海河水系、滦河水系、徒骇马颊河水系统称为海河流域。③黄河水系。黄河长 5464 千米，流域面积 79.5 万平方千米（包括内流区部分）。发源于青藏高原巴颜喀拉山北麓的约古宗列盆地。面积大于 1 万平方千米的支流有 11 条。河网结构具有巨型弯道多、峡谷多、河网密度地区差异大、干流长但径流小的特点。④淮河水系。介于长江和黄河水系之间，面积 27 万平方千米，其中淮河和沂沭泗河两大水系分别占 19 万和 8 万平方千米。面积大于等于 50 平方千米的河流有 2483 条。秦岭—淮河一线是湿润带与半湿润带、北亚热带与暖温带的分界线。⑤长江水系。长江长近 6400 千米，面积达 180 万平方千米。发源于唐古拉山主峰各拉丹冬雪山。面积大于 8 万平方千米的支流有 8 条。长江水系总体上呈树枝状，长江三角洲河网密度达 6.4 ～ 6.7 千米 / 千米 ^{2} 以上。其中，杭嘉湖平原为 12.7 千米 / 千米 ^{2}，是中国河网最稠密的地区。⑥珠江水系。由西江水系、北江水系、东江水系和三角洲河网组成，西江、北江、东江三大水系从西、北、东三面汇入珠江三角洲水系后始称珠江，其中西江水系面积最大、北江次之、东江第三。干流长 2215.8 千米，流域面积 45.37 万平方千米（其中 44.21 万平方千米在中国境内）。面积大于 1 万平方千米的支流有 12 条。

长 江

长江是中国第一大河，世界第三大河。又称江水、大江。简称江。

长江发源于青藏高原东部唐古拉山脉各拉丹冬峰。干流穿过藏、青、滇、川、渝、鄂、湘、赣、皖、苏和沪 11 省（自治区、直辖市）。

◆ **流域概况**

流域地理坐标为北纬 24°27′～ 35°54′、东经 90°33′～ 122°19′。干流全长近 6400 千米。流域面积 180 万平方千米，占中国陆地面积的 18.8%。长江流域大部分地区为亚热带季风气候，气候温暖，雨量丰沛。中下游地区年平均气温 16 ～ 18℃，夏季最高气温达 40℃ 左右，冬季最低气温在零下 4℃ 左右。

◆ **水系构成**

长江水系流域面积大于 50 平方千米的河流有 10741 条，超过 8 万平方千米的有雅砻江、岷江、嘉陵江、乌江、沅江、湘江、汉江、赣江 8 条。流域面积以嘉陵江最大，16 万平方千米；干流长度以汉江最长，1577 千米；水量以岷江最大，年水量（高扬站）877 亿立方米。

长江干流自江源至湖北宜昌为上游，长约 4500 千米，流域面积 100 万平方千米；宜昌至江西湖口为中游，长 950 多千米，流域面积 68 万平方千米；湖口以下为下游，长 938 千米，流域面积约 12 万平方千米。

长江流域湖泊类型有冰川湖（如江源冰川附近的湖泊）、构造湖（如洞庭湖、鄱阳湖）、堰塞湖（如四川凉山的马湖）、岩溶湖（如草海）、潟湖（如西湖）、牛轭湖等，湖泊总面积约 1.52 万平方千米，约占全国湖泊总面积的五分之一。主要湖泊有鄱阳湖、洞庭湖、太湖、巢湖、洪湖等淡水湖。鄱阳湖面积 3960 平方千米，总容积约 260 亿立方米。鄱阳湖流域面积 16.22 万平方千米，流域的主要河流有赣江、抚河、信江、饶河（鄱江）、修水。洞庭湖面积 2691 平方千米，容积 167 亿立方米，位于荆江南岸，跨湘、鄂两省，南有湘江、资水、沅江、澧水汇入，湖水由东面的城陵矶附近注入长江。太湖面积 2346 平方千米，容积近 45 亿立方米，总面积约 3.70 万平方千米。

◆ 水文特征

长江大通站多年平均年径流量 9334 亿立方米（37 年平均）。径流中雨水补给占全年径流量的 75% ～ 80%，地下水占 20% ～ 25%，还有少量冰雪融水补给。汛期（4 ～ 10 月）水量占全年水量的 80% 左右。长江干流洪水峰高、量大、持续时间长，支流则多陡涨陡落，历时较短。长江干流年径流量多年比较稳定，变差系数 0.12 ～ 0.14，并具有连续丰水和枯水年交替循环现象。长江含沙量较小，宜昌站多年平均为 1.38 千克 / 米 ^{3}，大通站为 0.51 千克 / 米 ^{3}，屏山站为 1.63 千克 / 米 ^{3}。但年输沙量仍较大，如宜昌站为 5.14 亿吨，汉口站为 4.3 亿吨，大通站为 4.68 亿吨。宜昌至汉口为长江主要的泥沙沉积河段。

◆ 灾害治理

长江流域洪、涝、旱、冰雹等自然灾害频繁，尤以洪旱灾害为甚，其具有中下游地区普遍高于上游地区的特点，且洪涝灾害的平均频率显著高于干旱频率。洪涝灾害的地区分布大体上与干旱相同，中下游地区普遍高于上游地区。长江流域历史时期典型旱灾年份有 1671、1679、1778 和 1835 年，水灾年份有 1586、1663、1788、1831、1853、1867 和 1870 年。近百年来，长江流域也出现过较严重的旱涝灾害典型年份，如 1931、1934、1954、1981 和 1998 年。

中华人民共和国成立后，为解决长江流域洪灾问题，修建了荆江分洪工程（1949年）、分蓄洪工程（1954年）、丹江口水利枢纽工程（1958年）、葛洲坝水利枢纽工程（1971年）、三峡水利枢纽工程（1994年）、河道裁弯（荆江和川江）和疏浚工程等水利工程，构建了防洪预警系统，在上游大力植树造林种草、保持水土。2000年以来，大力实施退耕还林、还草、还湖工程，加强中小河流治理和小型水库除险加固。

黄　河

黄河是中国第二长河。古称河水，简称河。

黄河发源于青海省巴颜喀拉山北麓约古宗列盆地，流经青、川、甘、宁、内蒙古、陕、晋、豫和鲁9省（自治区）。

◆ **流域概况**

黄河流域地理坐标为北纬32°～42°、东经96°～42°。干流长5464千米，流域面积75.24万平方千米。流域内不同地区的气温、降水、蒸发、光热资源及无霜期等差异明显。气候类型大致可分为干旱、半干旱和半湿润气候；多年平均气温上游1～8℃中游8～14℃，下游12～14℃；大部分地区年降水量200～650毫米，多年平均蒸发量700～1800毫米。西部干旱，东部湿润。

◆ **水系构成**

黄河流域面积大于1万平方千米的支流有11条，主要有洮河、湟水、渭河等。洮河全长673千米，流域面积2.56万平方千米，为黄河第二大支流（年水量），是上游地区来水量最多的支流。湟水全长374千米，流域面积 3.28 万平方千米，其主要支流有大通河，是一条清水河流。渭河流域面积 13.48 万平方千米，为黄河最大支流。渭河流域面积大于 1 万平方千米的支流有葫芦河、泾河和北洛河。

黄河河源至内蒙古自治区的河口镇称为上游，河口镇至花园口河段称为中游，花园口以下称为下游。①上游。峡谷众多，水力资源蕴藏量丰富，已建成龙羊峡、拉西瓦、李家峡、康扬、直岗拉卡、公伯峡、苏只、黄丰、积石峡、寺沟峡、刘家峡、盐锅峡、八盘峡、青铜峡等水电站和水利枢纽。②中游。干流途径黄土高原，水土流失严重。其中，晋陕峡谷是黄河流域泥沙来源最多的地区。③下游。河道横贯华北平原，绝大部分河段河床高出地面 3 ～ 5 米，部分河段高出 10 米，是世界上著名的地上悬河。

◆ 水土流失

黄河输送到河口地区的泥沙大部分淤在滨海地带，塑造了黄河三角洲。近 40 年间，黄河年平均输送到河口地区的泥沙约 10 亿吨，年均净造陆面积 25 ～ 30 平方千米。黄河入海河道淤积延伸，造成黄河溯源淤积，其影响可上溯到济南以上，是下游河道淤积抬高的一个重要因素。

1919 ～ 1959 年黄河每年从中游带到下游的泥沙总量约 16 亿吨，其中 4 亿吨沉积在下游河道。自 20 世纪 70 年代开始，在黄土高原地区先后开展了小流域水土流失综合治理、退耕还林还草、淤地坝建设和坡耕地整治等一系列生态工程。截至 2018 年，累计治理水土流失面积 21.8 万平方千米，占水土流失面积的 48%。黄土高原植被覆盖度指数由 1999 年的 32% 增加到 2018 年的 63%。潼关水文站年均输沙量由 1919 ～ 1959 年的年均 16 亿吨,锐减至 2001 ～ 2018 年的 2.44 亿吨。未来 30 ～ 50 年,潼关站沙量将维持在 3 亿吨左右。

◆ 灾害治理

雨洪、水土流失、泥石流、涝渍盐碱、冰凌洪水等是黄河的主要灾害。上游每年 11 月到翌年 4 月、下游每年 12 月到翌年 3 月为凌汛期。宁蒙河段与黄河中下游河道因冰塞、冰坝、壅水、决溢形成凌洪灾害,青海高原和内蒙古高原牧区的雪灾均发生在凌汛期。黄河每年 7 ～ 10 月称为伏秋大汛期,雨洪、涝渍、水土流失、泥石流、雹灾等多发生在伏秋大汛期。

黄河治理远在春秋战国时代就开始在两岸修筑堤防。两汉时期,抢险、堵口和保护堤岸的工程已经出现。宋代已有简单的报汛方法和防汛制度。1955 年第一届全国人民代表大会第二次会议通过了《关于根治黄河水害和开发黄河水利的综合规划的决议》,开展了大规模综合治理黄河的工作。中国政府自 1998 年起,开始限制流域用水及修整河道,收效甚好,基本上解决了黄河的断流问题。

珠　江

珠江是中国第三大河。又称珠江河、粤江。

珠江年径流量仅次于长江,居全国第二位。习惯所称珠江流域系指西江、北江、东江及珠江三角洲广大流域。流域介于北纬 21°31′～ 26°49′、东经 102°14′～ 115°53′,流域面积 45.36 万平方千米，其中 44.21 万平方千米在中国境内，其余在越南境内。流域属于热带、亚热带季风气候，流域降水量丰沛，汛期时间长，平均年降水量 1470 毫米。降水量由东向西递减，一般山地降水多，平原河谷降水少。流域多年平均气温在 14 ～ 22℃。

珠江流域内经探明的矿藏资源有 58 种，另珠江口外南海蕴藏有丰富的石油和天然气。流域耕地面积 809 万平方千米，耕地率 18.3%，但人均耕地面积 1.04 亩，仅为中国平均值的 2/3。珠江流域人口分布极不平衡，西部人口密度小，东部人口密度大。流域经济发展也很不平衡，上游地区经济发展缓慢；下游珠江三角洲地区经济发达。

珠江流域洪、涝、旱灾害频繁。历史上有旱灾记载的全流域性大旱灾计有 77 年，以清光绪二十一年（1895）旱情最为严重；明嘉靖九年（1530）、明崇祯十六年（1643）及 1943 年次之。流域易涝地区主要有珠江下游及三角洲、西江沿岸和浔江沿岸，面积 34.2 万公顷，其中 80% 已得到初步治理。规划配套，更新电排装机容量 17.6 万千瓦，重点治理后可使治涝耕地面积达 32.4 万公顷，占应治涝面积的 94.7%。

雅鲁藏布江

雅鲁藏布江是中国西藏自治区最大河流,也是中国最长的高原河流。

雅鲁藏布江属印度洋水系。在古代藏文中称央恰布藏布，意为从最高顶峰流下来的水。雅鲁藏布江－布拉马普特拉河流经中国、印度和孟加拉国，是南亚重要的国际河流，河流全长 3350 千米，流域面积约

66.6 万平方千米，其中中国境内约 24.2 万平方千米，河长 2057 千米，称雅鲁藏布江。河流由西向东流，切穿喜马拉雅山东端后转向南流入印度，在印度称为布拉马普特拉河；进入孟加拉国后，称为贾木拉河；最后在印度的果阿隆金与恒河相汇，注入印度洋。

雅鲁藏布江源头杰马央宗冰川海拔 5590 米，从河源至里孜为上游段，全长 268 千米，区间流域面积约 2.6 万平方千米；里孜至派镇为中游段，全长 1293 千米，区间流域面积约 16.6 万平方千米；派镇至巴昔卡为下游段，河流东流，绕流南迦巴瓦峰东侧后急转南流，形成几字形大拐弯，世界上最深的险峡——底杭峡坐落于几字形弯处，全长约 496 千米，区间流域面积约 5 万平方千米。雅鲁藏布江流域面积超过 1 万平方千米的支流有 5 条，为拉萨河、帕隆藏布、多雄藏布、尼洋河和年楚河，其中拉萨河最长，帕隆藏布水量最大。

雅鲁藏布江流域水力资源十分丰富，水资源开发条件好。如干流中游河段可兴建多座水利水电枢纽，水电站装机容量可达几十万至 100 万千瓦，并可发挥灌溉等综合效益。流域草地、牧场分布广阔。流域矿产资源主要有铬、铁、铜、铅、硼等。

黑龙江

黑龙江是中国与俄罗斯的界河。

黑龙江位于中国黑龙江省北缘。满语称萨哈连乌拉（意为黑水），俄罗斯称阿穆尔河。黑龙江流域全长 4510 千米，流域东西跨度为 2000 米，南北跨度约 1500 千米，中国境内为 3420 千米。流域面积 184.3 万平方千米，居世界第 10 位。

◆ **干流概况**

黑龙江有南北两源，北源为俄罗斯境内的石勒喀河，南源为额尔古纳河。南、北两源在中国黑龙江省漠河以西的洛河村汇流后称黑龙江，黑龙江东流至俄罗斯境内，最后注入鄂霍次克海。黑龙江流域地跨中国、俄罗斯和蒙古三国，下游在俄罗斯境内。黑龙江的支流约 200 余条。其中较大的有松花江、乌苏里江、结雅河、布列亚河等。松花江为黑龙江最大支流，自天池至松花江河口全长 1897 千米，流域面积 55.7 万平方千米。另一支流乌苏里江，长 905 千米，流域面积 18.7 万平方千米。

黑龙江干流自洛古河村至黑河附近的结雅河口为上游，长 905 千米；自结雅河口至乌苏里江河口为中游，长 994 千米；自乌苏里江河口以下至入海处为下游，长 930 千米。①上游。河道穿行于山峡中，河谷切割不深。自洛古河村至南岸支流额木尔河河口段，山崖险峻，江面狭窄，水流湍急；自额木尔河河口以下，水流变深，河谷逐渐开阔，并出现小块滩地，有些河段有分叉现象。河宽一般 400 ～ 1000 米，枯水期一般水深 1.2 米左右，可通行 300 ～ 1000 吨级船舶。河床底质多为石质或卵石。河床呈 U 形，平均比降 0.2‰，上溯至额尔古纳河，全江可通行船只。②中游。可分为 3 个不同区段。自结雅河口至嘉荫附近，河道弯曲，多岛屿沙洲，河

黑龙江

宽 1500 米左右；自嘉荫以下，黑
龙江进入山地峡谷段，河谷束窄，
河宽 600 ～ 700 米，流速 25 米 /
秒左右，湍流、涡流较多，河床底
质多为礁石；出山谷后，黑龙江干
流进入平原地区，河谷伸展，水流

黑龙江支流乌苏里江

平缓，接纳松花江后，河谷宽至 10 千米以上，江面宽达 2000 米以上，
两岸低平，水流变缓，网状河道现象显著，江中岛屿沙洲、浅滩较多。
其中东兴浅滩枯水期深一般 1.5 米，有碍航行，该段距离约 1000 千米，
落差约 100 米。平均比降 0.09‰，可通行 1000 ～ 3000 吨级船舶。③下
游。黑龙江下游全部在俄罗斯境内。

◆ 气候与水文

黑龙江流域大部分属于温带大陆性气候区，冬季受西伯利亚寒冷空
气控制，冬季严寒，只有大兴安岭以东至伯力部分受海洋季风影响。年
平均气温在流域上游为 0℃ 以下，漠河站为 -4.9℃，黑河站为 -0.4℃，
萝北站以下为 0℃ 以上。气温 10 月下旬转入 0℃ 以下，至第二年 4 月
中旬左右升到 0℃ 以上。冬季 0℃ 以下气温控制长达 6 个月之久。气温
变化剧烈，年气温相差达 80℃ 左右。由于气温低和冰雪覆盖厚度大，
流域内土壤冻结层深达 2.5 ～ 3.0 米，无雪处可达 4 米。流域内年平均
降雨量变化在 400 ～ 600 毫米，上游小于下游，漠河站年平均降雨量为
415 毫米，呼玛站年平均降雨量为 475 毫米，黑河站为 518 毫米，抚远
站为 598 毫米。降水量的年内分配极不均匀，夏季受太平洋暖湿空气影

响，湿润多雨，4～10月份降水量占全年降雨量的90～95%；冬季11月至次年3月降水量仅占全年降水量的5～10%。7～8月降水集中，降水量占全年降水量的50%左右，其中嘉荫和黑河分别占46.8%、47.1%。全年平均蒸发量900～1200毫米。

黑龙江水系大部分分布于森林区，水土流失较轻，河水含沙量年平均为0.1千克/米^3，仅为长江的1/4、黄河的1/300，是中国含沙量最少河流之一。黑龙江较大支流分布均匀，除洪水季节外，水面平静，水位稳定。其南北两源来水约275亿立方米，其中北源占54.2%，南源占45.8%。黑龙江在中游接纳了结雅河、布列亚河、松花江、乌苏里江后，干流年均径流量约2720亿立方米，占全流域年均径流量的78.6%。流域多年平均降水量400～600毫米，自上游向下游渐增，山地多于平原。降水季节分配不均，4～10月降水量占全年总量的90～93%，降水集中的6～8月可超过年平均流量的3～5倍。春汛流量不大，但少数年份最大流量也可超过年平均流量的3～5倍。夏汛流量大、洪峰高、历时长，其流量可超过年平均流量的5～10倍。受暴雨或长期降雨影响，8～9月份出现汛期最高洪峰。洪水峰高量大，一次洪水洪峰流量与多年平均流量比值可达10～20倍，上游尤为突出。洪水历时较长，上游一般10天左右，最长达29天，中游最长可达58天。径流量多年变化明显。黑龙江封冻期近半年。每年10月上旬上游出现初冰，中游10月下旬始见初冰。初冰之后一个月为封冻期，自上游始，漠河附近河段平均于11月上旬封冻，中游为11月下旬封冻；至次年4月中下旬，中游先解冻，上游后解冻。封冻期上游160天以上，中游140～160天。冰层较厚，上游平均最大冰厚 1.25 ～ 1.50 米，中游平均最大冰厚 1.00 ～ 1.25 米。

◆ **生物资源**

黑龙江流域位于几个生物地理区的重叠地带，因此其生物多样性极其丰富。流域内有 5000 多种维管束植物、400 多种鸟类和包括东北虎、豹在内的 70 多种哺乳动物。共有 120 多种鱼类生活在黑龙江流域，其中包括 7 种洄游性的太平洋鲑鱼和 2 种鲟鱼；同时还分布有世界上最大的鳇鱼——达氏鳇，最重可达 1000 千克。黑龙江流域分布着大面积的湿地，是一些鱼类的产卵地和候鸟的迁徙走廊。黑龙江流域及其洪泛平原是全球 95% 的东方白鹳、65% 的丹顶鹤及 50% 的白鹤的迁徙及栖息繁殖地。

沿江各市县的林产品都比较丰富，有人参、鹿茸、麝香等名贵中草药材及木耳、蘑菇等林产品。黑龙江水产资源比较丰富，盛产各种淡水鱼类，鲤鱼、大马哈鱼、鳌花鱼和哲罗鱼等闻名中外。

鸭绿江

鸭绿江是中国与朝鲜两国的界河。

鸭绿江发源于长白山南麓，流经中国吉林（上游）、辽宁两省（下游），于辽宁省丹东附近入黄海。干流全长 845 千米，流域面积 65215 平方千米。其中，中国境内流域面积 32799 平方千米，朝鲜境内流域面积 32416 平方千米。

上游受长白山地质构造的影响，河源海拔高度为 1000 ～ 1500 米，河道平均坡度达 9.05‰。由于河道坡度陡，水流湍急，河床多为大鹅卵石，大块石组成，并有基岩露出。长白至临江段，两岸高山连绵，河谷切割较深，悬崖陡壁与开阔丘陵滩地，常以不对称之势交替出现。临江以下，沿江两岸山势逐渐降低，河道坡度变缓，至浑江流处，河道坡度平均为 0.75‰，水势平缓，但急滩、湍流亦可常见。

鸭绿江

鸭绿江流域绝大部分地区属于中温带大陆性气候区，夏季炎热多雨，冬

位于鸭绿江上的中朝友谊桥

季漫长严寒多雪。年平均气温 6 ～ 10℃；最冷月 1 月的均温在上下游差别较大，一般下游 -4℃，上游则 -20℃；最热月 7 月均温上下游差别不大，一般为 20 ～ 25℃。多年平均降雨量 946 毫米，下游可达 1200 毫米。年均日照时数为 2443 小时。无霜期下游地区一般在 150 ～ 180 天；上游地区时间较短，一般在 125 ～ 150 天。流域内先后建造了水丰水库（中国和朝鲜）、铁甲水库（中国）、桓仁水库（中国）、回龙山水库（中国）、满丰湖水库（朝鲜）、时中湖水库（朝鲜）、狼林湖水库（朝鲜）、长津湖水库（朝鲜）、赴战湖水库（朝鲜）、丰西湖水库（朝鲜）等。

澜沧江

澜沧江是中国云南省第二长河。国际河流。

河流上游在中国，中、下游在缅甸、老挝、泰国、柬埔寨和越南。河流全称为澜沧江－湄公河。古称兰仓水、兰沧江、鹿沧江。澜沧傣语意为百万大象，澜沧江为百万大象之江。

澜沧江有两个源头，东源扎曲，西源昂曲，都发源自青藏高原中部唐古拉山的查加玛西侧，流经青海省与西藏自治区，两个源头在昌都汇流后始称澜沧江。在滇西北德钦县佛山乡北部入云南境，流经迪庆藏族自治州、怒江傈僳族自治州、大理白族自治州、临沧市、普洱市、西双版纳傣族自治州，于勐腊县关累镇西部出境，成为缅甸与老挝界河，并改称湄公河。中下游过老挝、缅甸、越南等5国后，在越南胡志明市东南部入海。澜沧江－湄公河全长4180千米。其中，在云南省内河长1227.4千米，流域面积8.8478万平方千米，占澜沧江－湄公河总流域

云南省境内澜沧江

面积的 10.9%。

澜沧江夹峙在怒山与云岭两大山系之间，以南北流向为主，下游转为西北—东南向。①上游。在云南省云龙县功果桥镇（旧州）以上为上游河段。上游河流大部在西藏境内，该河段山高谷深，相对高差2500～3000米，河道狭窄，江面宽50～80米，水流湍急，多险滩。两侧山体汇入的溪流流程短，落差大，呈非字状水系结构。②中游。旧州以下至普洱市的橄榄坝为中游。中游河谷渐变宽，汇水范围扩大、支流多于上游，大支流增多，呈树枝状水系结构。③下游。橄榄坝以下为下游。下游河流大部在缅甸、老挝、泰国、柬埔寨和越南5个国家境内。云南省内的河段多为宽谷，江面宽达150～400米，出现橄榄坝、勐罕坝等宽谷平原。宽谷平原为著名的热带作物区。

云南境内的支流多为山地型河流，集水面积100平方千米以上的有197条，其中一级支流有58条。1000～5000平方千米的有14条，如沘江、

位于澜沧江下游的景洪水电站

永平河、罗闸河、勐勐河、黑河、南腊河、流沙河等。5000～10000
平方千米的有威远江、小黑江、南斑河等，大于10000平方千米的河流
为黑惠江。支流中的南览河与南阿河为中缅界河，南览河单独出境，在
缅甸与老挝交界处入湄公河。澜沧江水力资源丰富，境内水力资源理论
蕴藏量2490.71万千瓦。截至2011年，已建成与在建的水电装机容量
1758.71万千瓦，已建与正在建设的有功果桥电站、漫湾电站、小湾电站、
大朝山电站、糯扎渡、乌弄龙水电站、景洪水电站。除干流外，一些较
大支流上也修建了水力发电站，以西洱河电站最为著名。

澜沧江流域水产资源丰富，有土著鱼种137种，其中的双孔鱼科、
粒鲇科、刀鲇科、鱼芒科与攀鲈科在国内仅分布于澜沧江。澜沧江流域
生态环境优异，粮食作物主要有水稻、玉米、马铃薯，经济作物以烟叶、
茶叶、咖啡、橡胶为主，域内普洱茶闻名中外。流域内野生动植物资源
也极为丰富，有白肢野牛、亚洲象、岩羊、獐、亚洲黑熊、花豹、狐狸
等动物，产于流域内的药类资源虫草、贝母、知母、雪莲花、砂仁、千
年健、黄连、当归等。为保护流域内的生态环境和丰富的生物资源，建
有无量山国家级自然保护区、西双版纳国家级自然保护区、纳板河国家
级自然保护区、云南云龙天
池国家级自然保护区、大理
苍山洱海国家级自然保护区
和糯扎渡省级自然保护区，
以及兰坪云岭、威远江、太
阳河、澜沧江等省级自然保

乌弄龙水电站

护区。澜沧江下段沿江建有思茅港、景洪港、橄榄坝港、关累港等港口，实现了与老挝、缅甸、泰国、柬埔寨、越南等各国的边贸航运和旅游航运。

怒 江

怒江是中国重要的南北向河流。国际河流。

怒江源于西藏自治区境内的唐古拉山南麓的巴斯克我山西侧，上源称桑曲。出喀隆湖后东流称那曲，至昌都的嘉玉桥转向东南，斜贯西藏自治区东部，由贡山县的茶畦陇入云南省。在云南省境内，由北向南流经怒江傈僳族自治州、保山市、德宏傣族景颇族自治州。在龙陵县南部与芒市东南部交汇处转入缅甸后改称萨尔温江，于毛淡棉附近汇入印度洋的安达曼海。全长3240千米，流域面积28万平方千米。境内的怒江全长618千米，流域面积3.35万平方千米。怒江得名有两种说法：一说因流域内有怒族人民居住而得名；另一说因江流急湍，在高山峡谷内奔腾咆哮，声如怒吼而得名。

以泸水市跃进桥与保山市惠通桥为界，将怒江分为上、中、下游。

①上游。跃进桥以上至贡山县的茶畦陇为上游。上游谷坡陡，河道深切，两岸山地海拔多在5000米左右，谷底则下切至海拔2000~3000米，江面宽100米左右；河流比降大，水流急，多险滩、悬崖。有腊乌岸、石门

怒江第一湾

怒江大峡谷

关、腊早岸与万马滩、尖山滩、阎王滩、响石滩等悬崖和险滩。驰名中外的怒江大峡谷即分布于此。②中游。自泸水市的跃进桥至保山的惠通桥之间为中游。该段谷坡在 20°～30°，江面宽 120～300 米，岭谷间高差 1000 米或更大。沿河有一些阶地河漫滩。③下游。由惠通桥下行至与缅甸的国界处为下游。下游河道变窄，河流穿行于高山峡谷之中，两岸山岭与谷底间的高差在 1500 米以上，河宽 100 米左右，一些较大的支流多在下游汇入干流。在云南省内各大江河中，怒江缺少较大支流，流域面积在 100 平方千米以上的支流仅 76 条。其中，集水面积 5000～10000 平方千米的支流有勐波罗河与南汀河两条，1000～5000 平方千米的有永康河、镇康河、南捧河、南卡河与南康河 5 条河流，500～1000 平方千米的河流有 9 条，100～500 平方千米的河流有 60 条。南汀河与南卡江均在怒江下游段临沧市境内，为单独出境的支流。

保山市以北的怒江河段，落差极大，最大可超过 2000 米。加上该流域具双雨季，降水量丰富，年降水量 1500～1700 毫米，使得地表径流大，江水水量大、流急。水力资源丰富，理论蕴藏量 1815.44 万千瓦。流域农业以畜牧业、林业为主。保山以南及临沧市的怒江下段，农业较发达，农作物以水稻、玉米及甘蔗、咖啡、茶叶、烟叶等为主，其中怒江坝的咖啡在国际市场享有盛名。流域内建有高黎贡山国家级自然保护区（保山片区）、永德大雪山国家级自然保护区、云南南滚河国家级自然保护区，以及临江大雪山、龙陵小黑山等省级自然保护区。

钱塘江

钱塘江是浙江省最大的河流。旧称浙江、浙水、浙河、湔河。

钱塘江源出安徽省休宁县龙田乡江田村。以北源新安江起算，止于海盐澉浦—余姚西山闸连线，河长588.73千米（其中安徽省境内241.09千米，浙江省境内347.64千米）；以南源衢江上游马金溪起算，止于海盐澉浦—余姚西山闸连线，河长522.22千米（其中安徽境内24.77千米，浙江省境内497.45千米）。流经皖、浙两省，经杭州湾入东海。流域地势西南高、东北低，流域面积55058平方千米，跨越皖、赣、闽、浙、沪等省（市）；其中浙江省境流域面积44014.50平方千米。

钱塘江流域面积50平方千米以上的河流368条，流域面积500平方千米以上的1级河流10条，流域面积1000平方千米以上1级河流有江山港、乌溪江、金华江、新安江、分水江、浦阳江、曹娥江7条，2级河流有武义江、横江（安徽）、练江（安徽）、武强溪4条。主要平原河流有杭甬运河、抢险河、滨海大河和八塘横江。钱塘江干流自河源至乌溪江汇合断面为上游河段，乌溪江汇合断面以下至新安江汇合断面以上为中游河段，新安江汇合断面以下为下游河段。

钱塘江发育于北东和北西走向两组主要断裂间的构造盆地上，河流多沿两组断裂线形成格子状水系，原汇入盆地中的湖沼，无出海通道；新近纪中新世喜马拉雅造山运动之后，滨海地带下沉，才向东北流注入海。

◆ **水文与水资源**

钱塘江流域年降水量 1600 ～ 2000 毫米，干流上游山地降水量高于中、下游丘陵、平原地区。径流补给以雨水占绝对优势，地下水仅占少量。钱塘江径流总量达 431 亿立方米，径流深 880 毫米。钱塘江径流季节分配不均，洪枯水流量相差悬殊。大部分地区降水以 5 ～ 6 月最多，河流最大径流量与此同期。衢州（原衢县）站 5 ～ 6 月径流量占全年总量 42.2%；芦茨埠站占 39.3%。径流年际变幅小，年径流量变差系数 0.28 ～ 0.38，年际极值比亦较小。钱塘江流域的水蚀模数为 100 ～ 500 吨 /（千米^2·年）。高值在曹娥江和浦阳江流域，低值在常山以上。钱塘江平均含沙量 0.1 ～ 0.4 千克 / 米^3。年均输沙量 668 万吨。江水常年清澈，仅在洪水期江水呈混浊状。河水矿化度、硬度和碱度均较低。

钱塘江流域水资源总量 444.0 亿立方米，年产水模数 89 万米^3/ 平千米^2，人均水资源量为 2480 立方米。水力资源理论蕴藏量 282.44 万千瓦，可开发量 211.65 万千瓦，年发电量 63.65 亿千瓦时。河口潮汐水力资源可装机 472 万千瓦。

◆ **梯级开发与综合利用**

春秋时期，河口两岸的吴、越两国均着力兴修水利，越王勾践兴建富中大塘。秦汉时期，在河口北岸开陵水道（运河）到钱唐越地，通浙江；南岸绍兴鉴湖建成，富中大塘纳入其拦蓄之中；在中游，今金华白沙溪上始筑三十六堰，东阳江上筑洲义堰等。三国至南朝期间，河口南岸宁绍平原上，自东晋贺循凿山阴漕渠后，筑堰、埭，设津渡，至南齐时，浙东运河已基本形成。钱唐（今杭州）柳浦一带，刘宋后已成津渡要地。中游分水江上筑长林堰等较大规模的灌溉引水工程。隋唐时期，上、中游地区的塘堰蓄水、引水工程也逐渐增多，在今东阳市南江上建有都督堰，在武义江上创建仓部堰。隋大业六年（610）在杭州以北开通江南河，通过通济渠等，将海河、黄河、淮河、长江和钱塘江五大水系连通。杭州港已初具国际海港规模，越海航行可通高丽（今朝鲜）、扶桑（今日本）。宋元时期，上、中游引水、蓄水工程数量大增，诸如衢县石室堰、江山马迹堰、东阳富民堰、龙游姜席堰、新昌孝行碐等，灌溉面积都在万亩以上。

20世纪50年代以来，对钱塘江进行了梯级开发。兴建了新安江、富春江、湖南镇、铜山源、横锦、陈蔡、石壁等数十座水库和水电站。其中，新安江水电站总库容220亿立方米，装机容量65万多千瓦；富春江水电站总库容8.74亿立方米，装机容量29.72万千瓦。黄坛口和湖南镇水电站为对支流乌溪江进行两级梯级开发而建成。

钱塘江兰溪以下为主航道，通航30～100吨级船舶。杭州以下仅通航外海小轮。新安江是沟通浙西和皖南的重要航道，航道在新安江大坝中断，上、下分段通航，汽轮溯新安江可达安徽屯溪。其他支流和水库也有距离不等的通航里程。钱塘江通过京杭运河与长江、黄河、淮河、海河等水系航道相衔接。

钱塘江流域自然风光和人文景观相映生辉，有西湖、富春江－新安江－千岛湖、五泄、双龙洞、三衢石林、江郎山、钱江源等风景名胜区。

◆ 钱塘潮

钱塘江潮是世界著名大潮之一。尤以农历八月十八日最壮观。涌潮的形成和地形关系密切。杭州湾是典型的喇叭形河口，宽度自湾口向里急剧收缩，湾口宽达 100 千米，至澉浦水面宽 20 千米，至杭州仅宽 1 千米。潮水上溯时，水体受到急剧约束，潮波能量高度集中，潮差显著增大，澉浦潮差较湾口大一倍。平均潮差 5 米左右，最大潮差出现在澉浦，达 8.93 米。同时，钱塘江河口纵剖面性质独特。杭州湾内河床平坦，从乍浦以上，开始抬升，抬升的高点在七堡到仓前间，最高点高出基线约 10 米。从闻堰到乍浦长达 130 千米，为一庞大的沙坎隆起。体积巨大的沙坎使澉浦以上河床迅速抬高，低潮水深从湾口向内愈趋变浅，平均水深 2 ～ 3 米，有时仅 1 米左右。潮波在传播过程中，因河底逐渐变浅，潮峰传播速度远大于潮谷，潮波的前坡渐陡，后波不断变缓，潮波变形加剧，到尖山附近形成涌潮。涌潮以海宁市附近最大，一般高度 1 ～ 2 米，最大高度达 3.7 米，至杭州附近涌潮渐趋减弱。

钱塘江潮水经过江东大桥

钱塘江怒潮时,海水倒灌,主要由长江挟带大量泥沙,经海水搬运淤积于河口段,为沙坎泥沙的主要来源。同时也使河床抬高,水深日浅,严重影响河口段的航运和水产捕捞养殖之利。为防止潮患,自汉代以来,历代不断修筑加固海塘。

西 江

西江是中国珠江流域内最大的水系。旧称郁水、浪水、牂牁江。

西江发源于云南省曲靖市乌蒙山余脉马雄山东麓,流经滇、黔、桂、粤4省(自治区),至广东三水思贤滘与东江、北江交汇,合珠江三角洲诸河合称珠江,在磨刀门注入南海。西江干流至三水区思贤滘全长2075千米,流域面积35.31万平方千米。西江水系中集雨面积在50平方千米以上的河流有784条。其中,49条汇入贺江,流经广东省封开县汇入西江;其余735条河流均经梧州流入西江,进珠江,入南海。西江主要支流有贺江、黔江、桂江和郁江。据梧州水文站资料,多年平均总水量2199亿立方米,最大年总水量3469亿立方米(1915),最小年总水量1024亿立方米(1963)。年均含沙量0.330千克/米^3,年均输沙量6900万吨,年侵蚀模数209吨/千米^2。

历史上珠江流域的西江为西江下游段,即广西壮族自治区梧州市至广东省三水区思贤滘河段。现代地理意义的西江指从珠江源至三水区思贤滘的全部河段。今贵州省望谟县蔗香村以上称为南盘江,以下至广西象州县石龙镇称为红水河,石龙镇至桂平市称黔江,桂平市至梧州市称浔江,梧州市至广东省三水区思贤滘始称西江。由此又将西江划分为上

梧州市境内的西江

游、中游和下游三个主要河段，南盘江、红水河两段共为西江上游，黔江、浔江两段共为中游，西江段为下游，以下至磨刀门为河口段。西江是珠江水系中最长的河流，也是华南地区最长的河流，为中国第四大河流，长度仅次于长江、黄河、黑龙江。航运量居中国第二位，仅次于长江。西江水利、水力资源丰富，为沿岸地区的农业灌溉、河运、发电等做出了巨大贡献。

辽 河

辽河是中国北方地区河流。

辽河位于中国东北地区西南部，是中国七大江河之一。发源于河北省平泉市，流经河北省、内蒙古自治区、吉林省和辽宁省，最终流入渤海。流域面积为 22.9 万平方千米。

辽河流域主要包含西辽河、东辽河、辽河（简称辽河水系）和浑河、太子河、大辽河（简称浑太水系）两大独立水系。①辽河水系。辽河有两个源头，西边的源头称西辽河，东面的源头称东辽河。西辽河又有两源，南源老哈河，北源西拉木伦河；两源于翁牛特旗与奈曼旗交界处会合，为西辽河干流。东源东辽河，出吉林省东南部吉林哈达岭西北麓，北流经辽源市，穿行二龙山水库，在辽宁省昌图县福德店与西源西辽河汇合后，称之为辽河。东辽河源头海拔为 350～400 米；中游为冲积洪积台地及丘陵的起伏地带，海拔为 110～240 米；下游为冲积平原，海拔为 200 米以下。西辽河源头为中海拔山地，北部海拔高达 1000～1600 米，属于剥蚀侵蚀和断块褶皱中低

辽河

海拔山地丘陵地貌；南部有七老图山、医巫闾山、松岭和努鲁儿虎山，海拔为 500～1500 米，属于剥蚀侵蚀和断块褶皱中低海拔丘陵地貌。辽河干流及支流位于辽河平原地区，由南向北地势逐渐减低，东北部海拔为 200 米以上的丘陵和山地较多，中部和沿海地区都是海拔在 100 米以下的冲积平原和台地，地势平坦。②浑太水系。浑河和太子河流域多为山地丘陵，海拔呈东高西低的趋势，海拔最高为 1287 米，最低为 -149 米，东部多起伏山地，西部多平原，以构造剥蚀地貌为主。浑河与太子河汇合后称之为大辽河。

辽河流域属于温带大陆性气候区。降水自东南部向西北部递减，为 900～300 毫米；降水集中在 6～9 月，6～9 月降水量占全年总降水量的 70% 以上。流域年蒸发量自东南山区 1200 毫米向西北干旱区 2500 毫米递增。

海　河

海河是中国七大江河之一。又称沽河。

海河水系由蓟运河、潮白河、北运河、永定河（以上河系为海河北

系）、大清河、子牙河、漳卫南运河、黑龙港水系和海河干流（以上河系为海河南系）组成，各水系呈扇形分布。也常把独流入海的徒骇马颊河、滦河水系划归海河流域。按发源于太行山的最长的漳卫河河源为起算点，全长 1090 千米，其中干流仅指天津以下至大沽的一段，长仅 74 千米。流域位于北纬 35°～43°、东经 112°～120°，流域面积 31.8 万平方千米。

海河流域属温带半湿润、半干旱大陆性季风气候，冬季盛行北风和西北风，夏季多东南风，春季干旱多风沙。流域多年平均降水量 500～600 毫米，年均径流总量 228 亿立方米，年均陆面蒸发量 1100 毫米，年平均气温 1.5～14℃，年平均相对湿度 50%～70%，无霜期 150～220 天，年平均日照时数 2500～3000 小时。

海河流域地处中国心脏地区，是中国政治、经济、文化的中心。流域是中华文明的发祥地之一，具有丰富的史前文化，并在元、明、清三代成为中国的政治和文化中心。

海河流域建成了大中小型水库 1879 座、总库容 321 亿立方米，修筑主要堤防 9000 千米，建成蓄水塘坝 17505 座，大中型调水工程 27 处，井深小于 120 米的浅水井 122 万眼，井深大于 120 米的深水井 14 万眼，初步建成了由水库、河道、堤防、蓄滞洪区构成的防洪工程体系，形成了分流入海、分区防守的防洪格局。

淮　河

淮河是中国东部主要河流之一。旧称淮水。

淮河流域地处中国南北气候过渡地带。降水量由南向北递减，山区多于平原，沿海大于内陆。流域年平均地表径流量为 622 亿立方米（折合地表径流深为 231 毫米）。流域内平原地区的浅层地下水较丰，一般在地面以下 60 米内均有较好的含水层，地下水来源由雨水补给。

淮河流域地处中原，跨豫、皖、苏、鲁 4 省，另有湖北省零星土地。流域有耕地约 0.133 亿公顷。流域内煤炭资源丰富，全流域已探明的煤炭储量为 518 亿吨。内河航运以京杭大运河和淮河干流为骨干，较大支流和下游水网地区都能通航。

淮河流域洪、涝、旱灾频繁。1400～1900 年的 500 年中，共发生较大水灾 350 次，较大旱灾 280 次。早在公元前 600 年以前，在淮河支流涠河和东淝河之间洼地周围即有古代水利工程芍陂。明代潘季驯在洪泽湖周边筑堤，明代杨一魁把淮河洪水分入运河，并由芒稻河入长江。中华人民共和国成立后，成立了流域管理机构，进行了流域规划，并全面地对河流进行了治理开发。

中国沼泽

中国沼泽指中国境内的低洼积水、杂草丛生的大片泥淖区。

沼泽是地球上水陆相互作用形成的独特自然综合体，是水域与陆地生态系统的过渡类型。根据有无泥炭的形成与累积这一标准，可以将沼泽分为泥炭沼泽和潜育沼泽两类。

沼泽是一种水陆相互作用形成的特殊的自然综合体，具有水陆过渡性质，在多水（或过湿）条件下，由水成土壤和沼生、湿生（或盐碱）

植物构成的自然生态系统。沼泽的形成主要取决于地貌条件和水热状况，其形成模式有陆域沼泽化与水域沼泽化。前者发生在各种水域、陆域界面的陆域区；后者发生在各种水陆域界面的水域一侧，如河流、湖泊、海洋。湖泊是陆地上洼地积水形成的水域比较宽广、换流缓慢的水体，湖泊的水位变动区域或滨岸水域是湖泊沼泽化可能发生的地段。湖泊沼泽化是湖泊发展至最后阶段的产物。沼泽是湿地的核心部分或重要组成部分，而湿地具有巨大的环境调节功能和效益，有自然之肾之称。

中国古代沼泽分布广泛，有多种称呼，如沮泽、泽薮、泽洳。长江中下游的古云梦泽、古大湖和苏北里下河地区、鲁西的巨野泽、黄河河源区、松辽平原和三江低地等，都是古代大片的湖沼地区。但古代的泽有的是湖，如大野泽、彭蠡泽、云梦泽等。

中国沼泽总面积约 11.3 万平方千米，主要以泥炭或潜育沼泽为主，集中于东北地区、青藏高原和西北干旱区、东部平原和滨海地区等。东北地区的最大沼泽为三江平原沼泽，面积 9466 平方千米。青藏高原沼泽主要分布在怒江河源区、雅鲁藏布江上游宽阔盆地区、黄河上游的星宿海、长江上游的旋马滩。若尔盖高原沼泽为最大的连片草本泥炭沼泽，面积 4902 平方千米。西北干旱区沼泽为盐渍化沼泽，分布于西北干旱区的内陆河，如柴达木盆地东部的盐沼，奎屯河上中游、塔里木河沿岸洼地的沼泽等。东部沿海地区沼泽亦属于盐渍化沼泽，受海潮作用形成沼泽，主要分布于渤海湾沿岸、江苏北部及钱塘江以北的沿海新淤滩地和河口、海湾一带。在东部大湖区周围，南方一些山地上部的低洼地段，也有零星沼泽分布，如高邮湖地区沼泽、洪泽湖地区沼泽等。

中国沼泽的变化类型主要有稳定型、萎缩型、消失型和扩张型四种。萎缩型为主要变化类型，如黄河源区的多年冻土退化导致沼泽退化或沙化。消失型沼泽主要分布在东部沿海地区，如鸭绿江河口沼泽、福建东山湾与旧镇湾沼泽、广西钦州湾地区沼泽等。稳定型和扩张型沼泽主要分布于青藏高原区，该区常年冰川积雪覆盖，人类活动影响较少，受气温升高和冰川快速消融等要素的影响，增加了对沼泽地的水源供给，如甘肃省玛曲县曲果果芒沼泽面积扩大了 18.66 平方千米、西藏的永珠藏布中游沼泽稳定扩张 12.18 平方千米。

中国沼泽湿地保护面临的主要威胁有农业经济发展侵占大量沼泽湿地、过度开发利用水资源和生物资源导致生态服务功能降低、大量废污水排放导致水污染问题日益凸显、气候变化加速了部分地区沼泽湿地退化。坚持保护优先、自然恢复为主的原则，严格沼泽湿地生态空间管护，加大沼泽湿地生态需水保障力度，大力推进沼泽湿地修复工程，积极开展气候变化减缓和应对研究，建立健全沼泽湿地保护体制机制，全面维护和提升沼泽湿地生态服务功能。

中国湖泊

中国湖泊指中国境内陆地上洼地积水形成的水域宽阔、水量交换相对缓慢的自然水体，是湖盆、湖水和水中物质——矿物质、溶解质、有机质、水生物等组成的统一体。

中国对湖泊的称谓有湖（鄱阳湖、洞庭湖）、泽（大野泽、彭蠡泽、云梦泽等）、泊（罗布泊）、池（滇池、呼伦池、解池）、荡（元荡、钱资荡）、淀（白洋淀）、漾（麻漾、长漾）、汍（东汍、团汍）、泡（月亮泡、连环泡）、海（洱海、邛海）、错（纳木错、班公错）、诺尔（达里诺尔）、茶卡（依布茶卡、玛尔果茶卡）等。水库属于人工湖泊。

中国共有湖泊 24800 多个。常年水面面积 ≥ 1 平方千米的湖泊 2865 个，其中淡水湖 1594 个，咸水湖 945 个，盐湖 166 个，其他 160 个，水面总面积 7.80 万平方千米（不含跨国界湖泊的境外面积，不含中国香港特别行政区、澳门特别行政区和台湾地区）。

中国湖泊按湖水排泄条件的不同可分为外流湖和内陆湖；按矿化度可分为淡水湖（矿化度＜1 克/升）、咸水湖（矿化度 1～35 克/升）和盐湖（矿化度＞35 克/升）；按湖盆的成因和湖泊水源补给条件的差异可分为构造湖、火山口湖、堰塞湖、冰川湖、岩溶湖、风成湖、河成湖和海成湖。

中国湖泊形成和演化主要受地质构造、气候、河流作用、人类活动等因素的影响。内陆区湖泊地处高寒和干旱地区，降水稀少、蒸发强烈、人为拦截入湖水量，造成湖面萎缩、湖水变咸，最终成为盐湖直至干涸。外流区的湖泊均为淡水湖。

中国湖泊可为青藏高原湖区、东部平原湖区、蒙新高原湖区、东北平原与山地湖区和云贵高原湖区五大湖区，另外还有面积很小的华南湖区。①青藏高原湖区（占中国湖泊总面积的 52.0%）。地球上海拔最高、湖泊数量最多、面积最大的高原内陆湖区。湖泊多以高山冰雪融水为补给源。主要有青海湖（面积 4340 平方千米，中国最大咸水湖。括号中的数字表示湖泊面积，下同）、纳木错（1980，中国最高的咸水湖，海拔4718米）、色林错（1628）、扎日南木错（997）、当惹雍错（835，中国第二深的湖）、羊卓雍错（638）、鄂陵湖（611）、班公错（604）、哈拉湖（602）、乌兰乌拉湖（545）、阿牙克库木湖（538）、扎陵湖（526）、昂拉仁错（513）、察尔汗盐湖（5856，中国最大的盐湖）等。②东部平原湖区（29.4%）。包括长江中下游平原和黄淮海平原上的大小湖泊，为淡水湖泊。主要有鄱阳湖（3960，中国最大的淡水湖）、洞庭湖（2691）、太湖（2346）、洪泽湖（1577）、南四湖（1266）、高邮湖（675）、巢湖（770）等。③蒙新高原湖区（13.2%）。包括内蒙古自治区、河北省西北部和新疆维吾尔自治区的湖泊。黑河以西多为构造湖，以东多为风蚀湖，亦有部分构造湖。主要有呼伦湖（2339，中国最北的湖泊）、博斯腾湖（1005，中国最大的内陆淡水吞吐湖）、乌伦古湖（753）、艾比湖（650）、贝尔湖（600，中蒙界湖）、艾丁湖（245，中国海拔最低的湖，低于海平面155米）等。④东北平原与山地湖区（3.3%）。平原湖泊具有水浅、面积小和含盐碱成分的特点，山地湖泊一般与构造活动和火山活动有关。主要有兴凯湖（4380，中俄界湖，中国最东的湖泊）、镜泊湖（92，中国最大、最典型的火山堰塞湖）、长白山天池（白头山天池）（10，中国最深的淡水湖，湖水最深373米，中朝界湖）等。⑤云贵高原湖区（1.6%）。由四川、云南、贵州、广西等省区内的湖泊组成。该区岩溶地区地下暗河、伏流和岩溶湖广布。湖泊具有海拔高、面积不大和湖水较深等特点。主要有滇池（306）、洱海（249）、抚仙湖（216）等。⑥华南湖区（0.5%）。主要分布于广西、广东、海南、福建、台湾等省区，湖泊面积一般较小。主要有日月潭（12）、星湖（5.4）、湖光岩（2.3，世界上最大的玛珥湖）等。

中国盐湖

中国盐湖指中国境内的含盐量很高的湖泊（矿化度大于 35 克／升）。

盐湖是湖泊发展到老年期的产物，它富集着多种盐类，是重要的矿产资源。中国盐湖区分布于北纬 28°～52°、东经 75°～122°。中国盐湖区受干旱—半干旱气候控制，主要分布于年降水量小于 500 毫米的区域。依据盐湖形成的地貌、地质构造条件和物质成分特点，大致以近东西走向的喜马拉雅山脉、昆仑—阿尔金山—祁连山—六盘山、北东向的贺兰山和太行山—大兴安岭为界，可将中国盐湖区划分为四个盐湖区：青藏高原盐湖区、西北部盐湖区、东北部盐湖区和东部分散盐湖区。中国的四大盐湖为青海茶卡盐湖、青海察尔汗盐湖、山西运城盐湖、新疆巴里坤盐湖。察尔汗盐湖钾、钠、镁、锂、硼、铷等各种盐类资源储量达 600 亿吨，是中国探明的最大钾镁盐矿。

察尔汗盐湖

察尔汗盐湖是中国最大的盐湖。也是青海省柴达木盆地最大的干盐湖。号称盐湖之王。又称察尔汗盐池。

察尔汗盐湖位于北纬 36°37′36″～37°12′33″，东经 94°42′36″～96°14′35″，包括达布逊湖、南霍鲁逊湖和北霍鲁逊湖，最低点海拔 2200 多米，东西长 168 千米，南北宽 20～40 千米，有 10 个现代盐湖分布，总面积 5856 平方千米。察尔汗盐湖是柴达木盆地第四系沉积中心，湖相沉积物厚度超过 3000 米，盐湖大部上覆坚硬盐壳，盐壳以下为盐层与晶间卤水，属氯化物型，盐层最厚 60 米，储量 530 亿吨，钾盐的储量仅次于死海，居世界第二位。根据水文地质及地球化学特征，察尔汗盐湖由西向东划分为别勒滩区段、达布逊区段、察尔汗区段和霍布逊区段。察尔汗盐湖伴生有丰富的钾镁光卤石，年产氯化钾将达 100 万吨，为中国最大的钾镁盐液体矿床。敦（煌）格（尔木）公路长约 32 千米路段和青藏铁路第一期工程 32 千米长的路基均横跨盐湖，因路基系用盐铺造，俗称万丈盐桥，为世界公路和铁路建筑史上所罕见。

◆ **气候与水文**

柴达木盆地属大陆性干旱气候，察尔汗盐湖年降水量仅 10 ～ 30 毫米，年蒸发量达 1900 ～ 3100 毫米，年平均相对湿度小于 40%，西北风盛行，昼夜温差大，日照时间长，年最冷月（1月）平均温度 -10 ～ -13℃，年最热月（7月）平均温度 13 ～ 18℃，年辐射量 2893 ～ 3157 千焦耳/厘米^2。察尔汗盐湖河流补给水系较复杂，水网散漫，水量较小，受季节影响大，有发源于昆仑山脉的格尔木河、那仁格勒河、柴达木河等 18 条河流注入，大多数河流由南向北注入察尔汗盐湖，北部仅有全吉河注入北霍布

察尔汗盐湖风光

逊湖，河流末端发育有 10 个大小不等的现代盐湖。

◆ 湖泊演变

第三纪末、第四纪初，在青藏高原的隆升过程中，昆中断裂以北的断块式上升和昆南断裂以南的可可西里—巴颜喀拉山隆升，相对下降成为山间洼地，形成一系列东西向分布的古湖泊；距今 94000～52000 年察尔汗古湖为微咸水—半咸水湖，湖泊入湖径流量较大，湖区植被为草原、荒漠草原植被；约距今 52000 年察尔汗古湖环境发生了显著变化，湖泊入湖径流量减小，蒸发量增加，湖泊由咸水湖退缩演化为盐湖，湖区植被由草原、荒漠草原演替为荒漠草原、荒漠。更新世时期，该地区又发生了更为剧烈的新构造运动，距今 34000～24000 年以察尔汗地区为中心的东柴达木继续沉降，由于东昆仑山相对上升，加剧了原有河流的向源向南侵蚀作用，察尔汗盐湖入湖径流量增加，湖泊有所扩张，这次新构造运动导致了一系列水系的改道和袭夺变化；距今 24000～9000 年在冷干气候背景下，察尔汗古湖经历了多次淡化期和咸化期，湖泊退缩演化为干盐湖，使察尔汗干盐湖形成 4 个成盐期：①第一成盐期，距今 25000～21800 年。②第二成盐期，距今 19700～16500 年。③第三成盐期，距今 15000～8000 年。④第四成盐期，距今 4910 年以来。

◆ 植物

察尔汗盐湖流域植被按不同海拔呈带状分布：①海拔 2700～3600 米主要由荒漠和盐生植物组成，主要有蒿叶猪毛菜、细枝盐爪爪、盐穗木、膜果麻黄、唐古特白刺、沙拐枣、柽柳等；禾本科、莎草科植物主要分布在察尔汗盐湖南部地下水出露的冲积扇缘带，沿着河道有芦苇、眼子菜等水生植物分布。②海拔 3600 ～ 4100 米主要为高寒草原，主要有针茅属、蒿属、灌木亚菊、紫菀木、金露梅、铁线莲等。③海拔 4100 米以上主要为垫状驼绒藜等荒漠植被。

中国咸水湖

中国咸水湖指中国境内的湖水含盐量较高的湖泊（矿化度 1 ～ 35 克 / 升）。

通常湖水排不出或排出不畅，蒸发造成湖水盐分富集而形成。中国大致以大兴安岭南段—阴山山脉—祁连山脉东段—巴颜喀拉山脉—冈底斯山脉一线为界，西北部大多为内陆湖，湖泊以咸水和盐湖为主，湖泊水量消耗以蒸发与渗漏为主。中国常年水面面积 1 平方千米及以上的咸水湖 945 个，其中面积 10 ～ 100 平方千米的咸水湖有 101 个，总面积 3786.6 平方千米，面积 100 ～ 500 平方千米的咸水湖有 31 个，总面积 6308.5 平方千米，面积 500 ～ 1000 平方千米的咸水湖有 9 个，总面积 6432.7 平方千米，面积大于 1000 平方千米的咸水湖有 4 个，总面积 10268.5 平方千米。中国面积大于 10 平方千米的咸水湖有 145 个，总面积 26796.3 平方千米，占中国同类级别湖泊面积的 31.2%。中国主要的咸水湖有青海湖（中国最大的内陆湖泊和咸水湖，面积 4340 平方千米。以下数字表示面积）、色林错（1628）、纳木错（1980）、羊卓雍错（638）等。

青海湖

青海湖是中国最大的内陆咸水湖。

汉代称西海，又称鲜海、仙海。北魏时始名青海。蒙古语称库库诺尔，藏语称措温布，意均为青色的湖，青海湖由此而得名。位于北纬 36°32′～37°15′，东经99°36′～100°47′。长轴呈北西西向，湖体长104千米，平均宽68千米，周长360千米，湖体水面高度和面积随季节、年际变化而波动，全新世以来，水位下降，湖面缩小。湖面海拔3193米，面积4321平方千米（2010）。储水量约739亿立方米，平均水深17.6米，最深达31.4米。湖水含盐量12.49克/升，pH为9.1～9.4，属氯化钠质水。

◆ 地质与地貌

湖区处于几个地质构造单元的交汇地带：①东南部属加里东期的南部祁连山槽背斜。②东部和东北部属前震旦纪的中祁连槽背斜。③南缘为华力西-印支期的青海南山槽向斜。④西南面与柴达木台块和北昆仑槽向斜东端相连接。距今200万～20万年青海湖属外流淡水湖，与黄河水系相通；13万年前，由于新构造运动，周围山地强烈隆起，中新生代由断块陷落成为内陆断陷湖盆。由于湖东部日月山的强烈上升隆起，使原来注入黄河的倒淌河被堵塞，从而成为内流湖泊盆地。湖周山地山麓地带的洪积扇、洪积阶地及入湖河流阶地相当发育。滨湖地带分布有多条新、老环湖堤。湖东甘子河口到海晏湾以南分布有金字塔形和新月形沙丘群。

青海湖中耸立岛屿6座：鸟岛、鸬鹚岛、海心山、新沙岛、老沙岛和三块石岛。①鸟岛。又称小西山或蛋岛，位于布哈河口以北4千米处，属布哈河冲积滩地堆积物，全长1500米。鸟岛三面环水，东段

青海湖风光

宽大，西段狭窄，形似蝌蚪，岛坡度平缓，地表由沙土、石砾覆盖，西南边有几处泉水涌流，为鸟类提供了优越的栖息繁殖环境，是亚洲特有的鸟类繁殖地、中国八大鸟类保护区之首。1978年以后，北、西、南三面湖底外露，与陆地连在一起成为半岛。②鸬鹚岛。又称海西皮，位于布哈河口以北6千米处，属于典型的下古生界变质岩湖蚀崖柱，距离湖岸10余米，鸬鹚岛屹立于湖中，高出湖面7.6米，是鸬鹚的繁殖场所。③海心山。位于青海湖中心略偏南，为中、晚更新世后断块抬升露出水面的花岗岩、片麻岩组成的湖中孤岛，高出湖面32米，距鸟岛约25千米。岛屿长2.3千米，宽0.8千米，中部宽而两端窄，面积1.14平方千米，岛上最高点海拔3266米，南部岛缘整齐陡立，东、西、北为平缓滩地，鸬鹚和鱼鸥集中栖息在岛崖边及碎石滩地。岛上有三级浪蚀阶地，与鸟岛间以断续沙岗和暗礁相连，岛上有一座藏传佛教宁玛派尼姑寺，沿袭古时苦修方式，有300余年历史。岛东缘有一泉眼，可供饮用。④新沙岛和老沙岛。位于青海湖东北部，曾是湖中最大的岛屿，长约13千米，最宽处约2.8千米，面积18平方千米，岛上最高点海拔3252米，是湖中砂垄露出水面后经风沙堆积而成。1980年沙岛东北端与陆地相连成

为半岛，表面均由沙砾覆盖，无植被，原是鱼鸥栖息繁殖地，后开发成沙雕观光旅游基地。⑤三块石。又称孤插山，位于湖西南，是宗务隆山向湖区的延伸部分，由 7 块三叠统石灰岩、礁石组成，高约 17 米，面积约 0.056 平方千米，是湖区诸岛中面积最小的岛屿，距鸟岛、海心山 20 千米。由于人迹少至，是青海湖鸟类的重要繁殖地。

◆ 水文

青海湖流域为内陆封闭水系，补给水源主要来自河流、湖底泉水和降水。入湖河流达 70 余条，较大者多由西北面汇入，如布哈河及其支流吉尔孟河、沙柳河、哈尔盖河。其中，布哈河年径流量 11.2 亿立方米，占入湖径流的 60%。由东、南面注入的河流少而短小，如甘子河、倒淌河和黑马河，呈明显的不对称分布。河流每年补给 13.35 亿立方米，降水补给 15.57 亿立方米，地下水补给 4.01 亿立方米，湖区每年蒸发量 39.3 亿立方米，年均损失 4.37 亿立方米。全新世以来，湖区水位下降，湖面缩小，建于湖滨的汉代察汉城现距湖滨 20 ～ 25 千米，水位下降约 100 米，北魏时湖区周长号称千里，唐代为 400 千米，清乾隆时减为 350 千米，现周长 300 余千米。1908 年俄国人柯兹洛夫推测当时湖面水位 3205 米，20 世纪 70 年代出版的地形图测量的湖面水位 3195 米，1988 年水位 3193.59 米，2010 年水位 3193 米。由于水位下降，布哈河三角洲前缘约 20 千米处有古湖堤遗址，蛋、鸟两岛已于 1978 年起与陆地相连成为半岛，湖东老沙岛之南已出现一新沙岛，湖滨东缘还出现了两个脱离母体的子湖——尕海和耳海。尕海位于东北部风沙堆积区，与湖区以沙丘相隔；耳海位于东南湖湾，以湖堤和沙滩与湖分隔。

青海湖春季表层水温上升，水温分层现象不明显；夏季表层水温高达 22.3℃，平均水温 16℃，下层水温平均为 9.5℃，最低为 6℃，有明显的正温层现象；秋季水温分层现象消失；冬季湖面结冰，冰下湖水上层温度 -0.9℃，底层水温 3.3℃，水温出现逆温层现象。湖水因富含无机盐类，结冰水温略低于 0℃，每年从 11 月中旬到翌年 1 月全湖形成稳定的冰盖，年平均封冰期 108 ～ 116 天，最短 76 天，最长 138 天，冰厚度一般 40 厘米，最大冰厚 90 厘米，3 月中旬湖面出现浮冰。

◆ **气候**

青海湖区具有高原大陆性气候，全年日照时数在 3000 小时以上，1 月平均气温 -12.7℃，最低 -30℃；7 月平均气温 12.4℃，最高 28℃。11 月至翌年 3 月湖面冰封，冰厚约 0.5 米。湖区夏季降水量 300 多毫米，降水多集中在 5 ～ 9 月，约为全年降水量的 2/3，雨热同季。全年蒸发量达 1300 ～ 2000 毫米，是青海省大风、沙暴日数较多的地区之一。

◆ **动物资源**

青海湖盛产青海湖裸鲤（俗称湟鱼），是青海省重要的鱼类产地。湖体鱼类资源较单一，除裸鲤外，还有条鳅等鱼类 8 种。底泥细菌群落均具有很高的多样性，主要类群有拟杆菌门（60.0%）、厚壁菌门（26.0%），以及一些耐盐和嗜盐菌。湖区鸟类有 191 种（水禽鸟类为优势种），兽类 41 种，两栖爬行类 5 种，其中属国家 I 级、II 级重点保护野生动物的有 35 种，湖滨沙化草地的普氏原羚是世界濒危的野生动物物种之一。1992 年青海湖被列入《关于特别是作为水禽栖息地的国际重要湿地公约》（简称《湿地公约》，又称《拉姆萨尔公约》）国际重要湿地名录。

中国淡水湖

中国淡水湖指中国境内以淡水形式积存在地表上的湖泊。

淡水湖一般是外流湖，主要以河川径流补给为主，多以吞吐湖和常年湖的形式出现，矿化度小于 1 克 / 升。

中国大致以大兴安岭南段—阴山山脉—祁连山脉东段—巴颜喀拉山脉—冈底斯山脉一线为界，东部为外流湖区，湖泊以淡水湖为主，湖泊水量损耗主要是以出湖径流为主。中国的淡水湖主要分布在长江中下游平原、淮河下游和山东南部，湖泊面积约占中国湖泊总面积的三分之一。中国常年水面面积 1 平方千米及以上的淡水湖 1594 个，其中面积 10 ～ 100 平方千米的淡水湖有 162 个（总面积 5352.1 平方千米），面积 100 ～ 500 平方千米的淡水湖有 38 个（总面积 8249.1 平方千米），面积 500 ～ 1000 平方千米的淡水湖有 4 个（总面积 2581.0 平方千米），面积大于 1000 平方千米的淡水湖有 6 个（总面积 11545.1 平方千米）。

中国主要的淡水湖有鄱阳湖（中国最大的淡水湖，面积 3960 平方千米；以下数字表示面积）、洞庭湖（2691）、太湖（2346）、洪泽湖（1577）、呼伦湖（2339）、博斯腾湖（1005，中国内陆区最大的淡水湖）、巢湖（770）、白头山天池（10，中国最深的天然湖泊，最大水深 373 米）。

鄱阳湖

鄱阳湖是中国最大的淡水湖。长江中、下游大型吞吐湖。古称彭蠡、彭泽、彭湖。

鄱阳湖位于江西省北部，长江以南。隋代彭蠡湖向南扩展到鄱阳县境内，始称鄱阳湖。鄱阳湖水系完整，纳赣江、抚河、信江、饶河和修水五河及博阳河、漳田河、清丰山溪、潼津河等河流来水，调蓄后经湖口汇入长江。流域面积 16.22 万平方千米，约占长江流域面积的 9%。

◆ **演变过程**

鄱阳湖区第三纪时是一巨大盆地。喜马拉雅运动期，西侧断裂上升为庐山，东侧陷落为鄱阳湖入江水道。第四纪时，鄱阳湖区再度下沉。六七千年前的全新世冰后期海侵时，沿江平原洼地和鄱阳湖区潴水成湖即古彭蠡泽。古长江在今长江以北鄂、皖两省的龙感湖、大官湖一带穿泽东下。古赣江纳江西诸水，经湖口沿今长江东流，在彭泽以下汇入古长江。此后，长江南移夺赣江古道，彭蠡泽淤积。长江分泽为南、北两水域，北部水域为今湖北、安徽间诸湖泊，南部水域即鄱阳湖。20 世纪 50 年代以来，鄱阳湖水面逐渐缩小。1998 年后，实施平垸行洪、退田还湖、移民建镇等治水方略，湖面面积得到恢复。

◆ **自然环境**

鄱阳湖水系东、南、西三面环山，中部和北部为丘陵、平原。地势南高、北低，沿边缘向湖倾斜。湖面以都昌县和永修县吴城镇之间的松门山为界，分为南、北两湖。南湖又称官亭湖、族亭湖，湖面宽阔，为主湖道；北湖又称落星湖、左蠡湖，湖面狭长，为入江水道。

鄱阳湖形似葫芦，南北最大长度 173 米，东西最大宽度 74 千米、最小 3 千米，平均宽 18.6 千米，平均水深 7.38 米。湖盆自东向西、由

南向北倾斜，湖底高程由 10 米降至湖口黄海基面以下 1 米。湖口水位
20.75 米时（黄海基面），湖面面积 5100 平方千米，容积 365 亿立方米；
湖口水位 4.06 米时，面积 103 平方米千米，容积 4.5 亿立方米。水位的
变化导致湖面面积、容积的变化，呈现高水是湖、低水似河，洪水一片、
枯水一线的独特形态。湖区由水道、洲滩、岛屿、内湖和汊港组成。赣
江自南昌以下分为 4 支，主支在吴城与修水汇合，进入湖北部，为湖区
西水道；南、北、中 3 支与抚河、信江、饶河均先后汇入湖南部，为湖
区东水道。东、西水道在褚溪汇合为入江水道。洲滩分为沙滩、泥滩和
草滩 3 种。沙滩多在水位 14 米以下，面积约 1895 平方千米；草滩多在
14 ~ 18 米，面积约 1235 平方千米。全湖现有岛屿 25 处，共 41 座，中、
低水位时多为滩丘，面积约 100 平方千米。内湖出现在枯水期，中、高
水位时与大水面连成一片，主要分布在东、南、西部；汊港多分布于入
江水道东岸，主湖区北岸和东北、东南湖隅，主要汊港共约 20 处。

◆ **水文特征**

鄱阳湖属亚热带湿润季风气候区，气候温和，雨量充沛。流域内多
年平均气温 17℃ 左右，多年平均年降水量 1542 毫米，4 ~ 9 月降水量
占年总量的 69.4%，且自东南向西北逐渐减少，北部庐山受地势影响降
水量达 1960 毫米。降水时空分布不均，易形成洪旱灾害。赣江、抚河、
信江、饶河和修水五河多年平均入湖年径流量 1285.7 亿立方米，多年
平均出湖年径流量 1468 亿立方米，4 ~ 9 月径流量占全年 69%，其中 4 ~ 7
月占全年 53.8%。鄱阳湖水系多年平均年入湖输沙量 1.86×10^{10} 千克，
其中赣江、抚河、信江、饶河和修水五河多年平均来沙 1.51×10^{10} 千克，

赣江最多，信江次之。入湖泥沙集中于赣江、抚河、信江、饶河和修水五河 4 ～ 7 月时的大汛期，为年总量的 79.3%；出湖泥沙集中于长江大汛期之前的 2 ～ 6 月，占年总量的 90.4%。通过湖口进入长江的出湖泥沙年平均值为 9.38×10^9 千克；淤积于湖中的泥沙年平均为 9.22×10^9 千克，占入湖沙量的 49.6%。

鄱阳湖 4 ～ 9 月为汛期，10 月至次年 3 月为枯水期。受鄱阳湖水系和长江洪水双重影响，高水位时间长。每年 4 ～ 6 月，湖水位随鄱阳湖水系洪水入湖而上涨，7 ～ 9 月因长江洪水顶托或倒灌而维持高水位，10 月才稳定退水。有 77.8% 的年份最高水位出现在 6 ～ 7 月，有 79.3% 的年份最低水位出现在 12 月至次年 1 月。多年平均水位 11.36 ～ 13.99 米，最低水位 3.99 ～ 10.25 米，最高水位 20.68 ～ 20.71 米；水位年变幅最大为 9.59 ～ 14.85 米，最小为 3.54 ～ 9.59 米。汛期可削减洪峰量或滞后洪峰，从而减轻长江的洪水威胁。但由于江水倒灌入湖仅偶有发生，持续期不长，故总体而言，鄱阳湖对长江水量的调剂作用有限。赣江、信江、修水、抚河、饶河诸河经鄱阳湖汇注长江，其中以赣江航道最重要，古来即为五岭南北通往长江中、下游各地的水运要道。

鄱阳湖流域是江西省大风的集中地区，多年平均风速 3.01 米 / 秒，历年最大风速 34 米 / 秒。6 ～ 8 月盛行南风或偏南风，其他月份均为北风或偏北风。秋冬时期，湖东南岸地区的绝对湿度和降水量均有增加，同时形成湖浪。主要大浪区有鞋山、老爷庙、瓢山三湖区，实测波浪高度约 2 米，波浪爬高 4.81 米，大风尚可引起涌浪，使湖面倾斜，北风引起北岸水位降低，南岸水位升高；南风则反之。

◆ **流域经济**

20 世纪 50 年代以来，鄱阳湖取代了洞庭湖成为中国最大淡水湖。为中国淡水渔业主要基地之一。鱼类有 90 余种，以鲤、鳙、鲫、鲌、鳊、鳜、鲶、鲭等较多，以鲥、银鱼著名。沿湖盛产菱、芡、莲、藕、芦苇等。野禽有凫、雁、天鹅、鸨、鸥、鹭等，此外又引进了水貂、海狸、麝香鼠、牛蛙、毛蟹及珍珠贝等。在永修县、南昌市新建区、庐山市星子镇一带湖面，常有丹顶鹤、天鹅等珍禽栖息。为保护候鸟，1983 年成立鄱阳湖自然保护区，1988 年晋升为江西鄱阳湖国家级自然保护区。鄱阳湖平原为全国重要商品粮基地之一。重要城市有南昌市、九江市、景德镇市、抚州市等。鄱阳湖入江水口附近的大姑山（又称鞋山），湖口的石钟山，婴子口附近的"蛤蟆石"均为著名旅游胜地。湖西岸的庐山是全国重点风景名胜区。

洞庭湖

洞庭湖是中国第二大淡水湖。

洞庭湖位于湖南省北部，长江中游荆江河段南岸。地理坐标为北纬 28°36′ ～ 29°30′，东经 111°44′ ～ 113°08′。跨岳阳、汨罗、湘阴、沅江、汉寿、常德、安乡、南县、华容等县（市）。洞庭湖北纳长江支流松滋、太平、藕池、调弦四口来水，南和西接湘江、资江、沅江、澧水四水及汨罗江等小支流，由岳阳市城陵矶注入长江。

◆ **名称由来**

有关洞庭湖的名称，历来有许多说法。在《史记》《周礼》《尔雅》

等古书上都有"云梦"的记载。梦，是当时楚国方言"湖泽"的意思，与"漭"字相通。"春秋昭元年，楚子与郑伯田于江南之梦"又云："定四年楚子涉濉济江，入于云中。"《汉阳志》载有："云在江之北，梦在江之南。"统称云梦。当时的云梦泽面积曾达4万平方千米。《地理今释》载："东抵蕲州，西抵枝江，京山以南，青草以北，皆古之云梦。"司马相如的《子虚赋》说："云梦者方八、九百里。"到了战国后期，由于泥沙的沉积，云梦泽分为南北两部，长江以北成为沼泽地带，长江以南还保持一片浩瀚的大湖。自此，这片大湖名称改为洞庭湖。洞庭一名源于湖中有一著名的君山，君山原名洞庭山。"洞庭"二字首见于屈原著《楚辞·九歌·湘夫人》中。地方志《湘妃庙记略》中载："洞庭盖神仙洞府之一也，以其为洞庭之庭，故曰洞庭。后世以其汪洋一片，洪水滔天，无得而称，遂指洞庭之山以名湖曰洞庭湖。"

◆ **形成演变**

《山海经·海内东经》载："湘水出舜葬东南陬，西环之，入洞庭下。"屈原《离骚》载："邅吾道兮洞庭。"自古以来，洞庭湖就为五湖之首，是中国水量最大的通江湖泊，在自然因素和人为因素的相互作用、相互制约下，洞庭湖经历了由小到大、再由大到小的演变过程。

洞庭湖在地质构造上属中生代燕山运动产生的一个凹陷盆地。洞庭湖底第四纪沉积物之下，普遍发育白垩纪—老第三系红层，表明当

洞庭湖风光

时湖区为沅—麻盆地的东延部分。在晚第三纪，湖区全面上升为陆。第四纪初，洞庭湖四周抬升，中部断陷，形成断陷盆地。这时湖区范围很大，北到华容、石首，东至岳阳、汨罗，南达益阳、桃源，西抵常德、临澧。周、秦以前，为古云梦泽的一部分，南连长江，北接汉水，方圆九百里。至两汉时期，长江主流已位于荆江附近，湖的中心则在长江以南。晋代前后已有湖堤，束水垦殖，长江与湖水逐渐分离。南宋时，荆江大堤筑成，大江与湖之间仅保留有九穴十三口，以便向湖区排泄江洪。明代荆州大堤的郝穴口被堵，江北大堤连成一体，江南尚有太平、调弦二口，分泄江水入湖。清道光五年（1825）江水冲开藕池口，面积约6000平方千米。同治十二年（1873）又冲开松滋口，泥沙随江水入湖，湖面开始逐渐缩小，出现了南县、白蚌、草尾等沙洲和湖滩地，围垦争地日渐增大，湖面缩小近三分之一。1890年为540平方千米，1932年为4700平方千米，1960年为3141平方千米。1983年实测湖泊面积为2691平方千米，水深30.8米，容积174亿立方米。20世纪90年代末，面积2579.2平方千米，湖盆周长803.2千米，总容积220亿立方米。其中，天然湖泊容积178亿立方米，河道容积42亿立方米。后洞庭湖面积已减至2625平方千米，昔日"八百里洞庭"已被分割成许多大大小小的湖泊。

◆ **湖域划分**

洞庭湖大致可分为东洞庭湖、南洞庭湖、西洞庭湖3部分。①东洞庭湖。位于华容县墨山铺、注滋口，汨罗市磊山，益阳市大通湖农场之间。滨湖区有岳阳市市区的岳阳楼区和君山区，还包括华容县、钱粮湖农场、君山农场、建新农场、岳阳县，湖泊面积1327.8平方千米，包括漉湖与湘江洪道。1988 年，东洞庭湖被列入国家重点风景名胜区——洞庭湖岳阳楼风景名胜区。②南洞庭湖。地跨岳阳市境与益阳市境，包括赤山与磊石山以南诸湖泊，以及岳阳市境滨湖区的湘阴县和屈原管理区。湖泊面积 920 平方千米。界于东、西洞庭湖之间，主要有东南湖、万子湖和横岭湖。横岭湖位于湘阴县北部，由大大小小 24 个常年性湖泊和三大片季节性洲土组成。③西洞庭湖。地跨益阳市境和常德市境，指赤山湖以西诸湖泊。到 20 世纪仅存七里湖和目平湖。湖泊面积 443.9 平方千米。有澧水流经其西北部，沅江流经其西南部，松滋河、虎渡河及藕池河西支诸水自北部注入，有通外江湖的河湖面积约 520 平方千米。环湖的汉寿县、安乡县、鼎城区、澧县、津市市、桃源县、临澧县、武陵区的平原区被称为西洞庭湖区，有吴淞海拔 51 米以下的平原河湖面积 6285 平方千米。西洞庭湖早期为赤沙湖的一部分。经历代治理，西洞庭湖区的天然湖泊面积已缩减至 520 平方千米，能与东、南洞庭湖通流的湖泊仅剩目平湖和七里湖。

◆ 水文水系

洞庭湖湖底地面自西北向东南微倾。湖区年平均温度 16.4～17℃，1 月平均温度 3.8～4.5℃，绝对最低温度 -18.1℃（临湘 1969 年 1 月 31 日）。7 月平均温度 29℃。洞庭湖起蓄洪调节长江水位、确保荆江安全的作用。湖水在岳阳城陵矶泄入长江，号称"容纳四水，吞吐长江"。湘江、资江、沅江和澧水"四水"的入湖水量占入洞庭湖总水量的 58%（其中沅江最大，占 23%），松滋、太平、藕池、调弦"北四口"来水占入洞庭湖总水量的 42%（其中藕池河最大，占 18%）。

每年 4～6 月，湘江、资江、沅江和澧水四水流域雨季集中，洞庭湖进入汛期；7～8 月，长江洪峰到达，南北顶托，洞庭湖进入高洪水位阶段。年平均总入湖水量约 2500 亿立方米，总出湖水量约 2140 亿立方米。出入湖总水量之比为 1.04～1.15，二者接近，分别占全湖水量总收支的 90%。"四水"入湖流量 4～8 月为旺季，占全年入湖总量的 68%，其他时间为淡季，占 32%；"四水"入湖流量 6～10 月为旺季，占入湖总量的 90%，其他时间为淡季，占 10%。每年 4～9 月为湖水盛涨期，进水量大于出水量，部分来水贮留湖内，湖面扩大，水位上升；12 月至次年 3 月为枯水时，出水量大于进水量，水位低落，湖面缩小。

◆ 鱼米之乡

洞庭湖是中国传统农业发祥地，是著名的鱼米之乡，是湖南省乃至全国最重要的商品粮油基地、水产和养殖基地。洞庭湖自古为淡水鱼著名产地。唐代著名诗人李商隐作《洞庭鱼》诗中有："洞庭鱼可拾，不假更垂罾。闹若雨前蚊，多如秋后蝇。"可见鱼之多。今盛产鲤、鲫、鳙、鲢、鳊、鳜、银鱼、凤尾鱼和虾、蟹、龟、鳖、鳝、鳗、鳅、蚌等百余种水产，还有 40 余种贝类资源，以及珍稀物种白鳍豚。洞庭湖中最大的鱼是鲟鱼，重量 200～300 千克；最小而又最名贵的鱼是银鱼。据清代《巴陵县志》中载："银鱼出鯿山、君山湖中，小才盈寸，眼见黑点者佳，以火焙之，胜日干者。他处出面条鱼，长二、三寸至四、五寸则贱物矣。一年冬夏产之，夏水热不如冬美。"据传，清雍正、乾隆二帝先后游江南时，均曾品尝过银鱼，评价甚高。银鱼嬉游于清水草滩的缓流之处，银白透明，呈圆条状，无鳞无刺，肉质细嫩，蛋白质含量丰富，味极鲜美。

洞庭湖中的君山不仅风景佳丽，而且有许多名产奇珍。洞庭湖的湖中湖——莲湖，盛产驰名中外的湘莲，颗粒饱满，肉质鲜嫩，历代被视为莲中之珍。还有闻名遐迩的君山茶；君山银针茶因形细如针而得名，属黄茶，最适合在茶树刚冒出一个芽头时采摘，经过晒茶、揉茶、烘干等十几道工序制成。湖中洲、渚众多，盛长芦苇。沿岸为冲积平原和湖漫滩地，土壤疏松肥沃，已围垦成众多堤垸，为重要农垦区，盛产稻谷、棉、麻、油菜。

◆ **人文风情**

湖南省有个"湖"字，湖湘文化也有个"湖"字，湘学又是"湖湘学"的简称。这些"湖"字都与洞庭湖有关，其得名都源于洞庭湖。探讨湖湘文化的源头离不开屈原，研究屈原又离不开洞庭湖或者洞庭湖流域地区。从楚国屈原被放逐到沅湘时起，洞庭湖成为流放的目的地。在此后的漫长历史阶段，湖湘地区因远离中原传统文明核心区，与岭南、西域、东北等地区作为中原王朝远谪和流放政治对手的场所。流放不始于屈原，但屈原被放逐，尤其是流放到沅湘地区之后，他的一系列创作成为汉民族文艺的总根源之一。"屈骚"成为中国文化南方理想浪漫主义的流派始祖。楚顷襄王时，屈原第二次被流放，在楚江南沅湘地区生活了10年之久，他的许多著作皆写成于湖区，这些不同时期的历史人物虽处境不一、遭遇不同，但都具有一个共同的特点，那就是政治上失意、忧谗畏讥，处在人生道路的低谷。唐代张说有《游洞庭湖》诗，孟浩然有《望洞庭湖赠张丞相》诗，宋代范仲淹在《岳阳楼记》载："予观夫巴陵胜状，在洞庭一湖。衔远山，吞长江，浩浩汤汤，横无际涯；

朝晖夕阴，气象万千。"他们个人的遭遇大多与当时的社会变革大环境息息相关，除在个人生活上受到磨难的同时，心理上还承受了国家前途、民族存亡的巨大考验。在这种情况下，这一批文人成为湖湘文化的开创者，也成为湖区人文积淀的宝贵财富。

◆ **旅游资源**

洞庭湖是历史上重要的战略要地，是楚文化的摇篮，也是中国传统文化发源地。在历史的长河里，留下许多名胜古迹。岳阳楼－洞庭湖风景名胜区，位于湖南省岳阳市区西北部，为国家级风景名胜区。包括岳阳楼古城区、君山、南湖、团湖、芭蕉湖、汨罗江、铁山水库、福寿山、黄盖湖等9个景区，总面积1300多平方千米。其中君山因其自然风光秀丽，春赏奇花异草、夏观浩瀚洞庭、秋赏渔歌秋月、冬观湿地候鸟而成为旅游度假的天堂、避暑休闲的胜地。君山古称洞庭山、湘山、有缘山，是八百里洞庭湖中的一个小岛，与千古名楼岳阳楼遥遥相对，总面积0.96平方千米，由72座山峰组成，被"道书"列为天下第十一福地，被列为国家级重点风景名胜区、国家AAAA级旅游区。除此之外，鲁肃墓、慈氏塔、城陵矶、金门刘备城等古文化景观也颇为著名。鲁肃墓是东汉末年东吴功勋卓著的政治家、军事家鲁肃之墓，于岳阳楼以东约500米处；坟堆耸立如丘，高8米，直径32米，占地面积800平方米；墓前立石碑坊，坊柱上刻的一幅贤语为："扶帝烛曹奸，所见在荀彧上；侍吴亲汉胄，此心与武侯同。"墓前竖石碑一块，文为"吴鲁公肃墓"，系光绪十五年（1889）巴陵知县周主德立；墓顶建小亭，有石级可达墓顶；墓于1984年重修。慈氏塔位于洞庭湖边西南，塔为砖石结构，楼阁式，八角七层，通高 39 米；宝塔巍然耸立，雄视洞庭湖，为"巴陵胜状"
之一。塔为实心，这一宏伟的建筑体现着唐宋时期的艺术风格。城陵矶
为长江中游第一矶，是长江中游水陆联运、干支联系的综合枢纽港口；
是湖南省水路第一门户，国家一类口岸；位于岳阳市东北 15 千米江湖
交汇的右岸，距市中心区 7.5 千米，当长江与洞庭湖交汇处，隔江与湖
北省监利县相望。《水经注》载："江之右岸有城陵山，山有故城。"

中国的冰川

中国的冰川指在中国高纬度、高山等寒冷地区多年降雪积聚，经过
变质作用形成的具有一定形状并能自行运动的天然冰体。

中国是世界中、低纬度山岳冰川最发达的国家。在中国西部的许多
高山和青藏高原，发育有千万条冰川，是内陆干旱地区的重要水资源，
也是亚洲诸大河的发源地。

◆ 生成

冰川是气候的产物。相当数量的降雪与严寒的低气温是冰川发育的
主要因素，山岭的高低、位置、规模和地形直接或间接影响冰川的分布、
形态和其他特征。中国西部以海拔 4000～5000 米的青藏高原为基础，
形成一系列高大山脉，有数百座海拔超过 6000 米的高峰，高大的海拔
和山势所提供的高山雪线以上的广大高山面积是冰川发育的基本条件。

◆ 分布

中国冰川的分布北起阿尔泰山（北纬 49°10′），南到云南的玉

龙山（北纬 27°03′），东自四川松潘的雪宝顶（东经 103°55′），西达帕米尔的边境。冰川面积达 5.94 万平方千米，分布在 14 座山系。规模较大的冰川区多分布在青藏高原边缘山地，如昆仑山、喜马拉雅山、念青唐古拉山、喀喇昆仑山、天山。高原内部山地的冰川规模较小，多以突出高峰或山顶夷平面为中心形成孤立的冰川群。

冰川编目是按照一定的规范要求，对全球或区域范围内的冰川进行登记，编撰冰川目录。中国第二次冰川编目于 2014 年完成，2019 年发布中国第二次冰川编目数据集（V1.0）。编目数据包括冰川名称、冰川编码、冰川位置、冰川面积等 29 个数据项。根据第二次冰川编目数据统计，截至 2014 年，中国有面积 0.01 平方千米以上冰川条数共 48571 条，面积 51766.08 平方千米，冰储量 4494.00±175.93 立方千米。

◆ **类型**

按性质分类，依据冰川的发育条件及其物理性质可以分为大陆性冰川和海洋性冰川。根据冰川的形态特征和所占据的地形单元的形态，主要包括：①悬冰川。悬挂在山脊上的小型冰川，没有粒雪盆和明显的冰舌，面积一般为 0.5 平方千米左右，是中国冰川数量最多的一类。②冰斗冰川。比悬冰川稍大，形似围椅状的冰川。具有明显的粒雪盆（凹地），或有短而不明显的冰舌，后壁陡峭而底部较缓，其长宽比大致相当，一般面积 0.5～2.0 平方千米。在冰斗口往往保存有反向坡（冰坎）和小湖。③山谷冰川。沿谷地流动的冰川。常构成冰川群的主体，由以积累为主的粒雪区和以消融为主的冰舌区两部分组成，两者之间就是雪线所在。④平顶冰川。是发育在山顶夷平面或高出雪线的平缓穹隆山顶的冰川。

冰面平坦而洁净，一般面积 10 平方千米左右，流动缓慢，其边缘有时伸出若干短促的冰舌。此外，还有许多过渡类型的冰川，如冰斗山谷冰川等。

◆ **冰川动态**

在全球变暖背景下，中国的冰川总体处于退缩状态。基于中国两次冰川编目资料分析表明，20 世纪 70 年代至 21 世纪第 1 个 10 年时期，中国冰川面积减少了约 18%。青藏高原及周边地区冰川经历了普遍的萎缩态势，但不同区域冰川萎缩的速率存在显著差异。北部的阿尔泰山、中天山和东天山，以及青藏高原东部和南部的冰川萎缩速率明显较大，而羌塘高原、西昆仑山、喀喇昆仑山、帕米尔高原和西天山的冰川萎缩速率明显较小，喀喇昆仑山地区的冰川面积则几乎处于不变的状态。

中国的大陆性冰川

中国的大陆性冰川指中国境内在大陆性气候条件下形成的冰川。

中国的大陆性冰川数量多、分布广，占全国冰川总面积的 78%。分为亚大陆性冰川和极大陆性冰川两种类型。①亚大陆性冰川。主要分布于阿尔泰山、天山、祁连山的大部分、昆仑山东段、唐古拉山东段、念青唐古拉山的西段、冈底斯山的部分地段、喜马拉雅山中西段的北坡及喀喇昆仑山北坡，冰川面积约 2.72 万平方千米，占中国现代冰川总面积的 46%。雪线高度上年降水量为 500 ～ 1000 毫米，年均温为 -6 ～ -12℃，夏季温度为 0 ～ 3℃，20 米深度以上活动层冰温为 -1 ～ -10℃。②极大陆性冰川主要分布于中昆仑山和西昆仑山、羌塘高原、帕米尔高原的东部、唐古拉山西部、冈底斯山西段和祁连山西部，面积约 1.9 万平方千米，占中国冰川总面积的 32%。形成环境较亚大陆性冰川严酷，其雪线高度上年降水量为 200 ～ 500 毫米，平均气温低于 -10℃，冰面夏季气温亦低于 -1℃。

中国的大陆性冰川积累量和消融量少，气温低，雪线位置高，成冰作用以渗浸—冻结为主，局部出现冷渗浸—重结晶成冰；冰川冰为负温，冰川规模较小，流动缓慢；冰川地质地貌作用较弱。

中国的海洋性冰川

中国的海洋性冰川指中国境内在季风海洋性气候条件下形成的冰川。又称季风海洋性冰川、暖冰川。

中国的海洋性冰川分布区有丰富的夏季风降水，雪线高度上年降水量可达 1000 ～ 3000 毫米，夏季温度 1 ～ 5℃，冰温 -1 ～ 0℃。冰川积累量和消融量较多，西藏东南部海洋性冰川年积累量可达 2500 毫米；冰川年消融深度一般为 1000 ～ 2500 毫米（水柱），少数大冰川可超过 3500 毫米。

水热组合条件导致中国的海洋性冰川雪线位置较低，成冰作用以暖渗浸—重结晶为主，冰川规模较大，流动速度较快，冰川地质地貌作用较强。中国的海洋性冰川比同规模的大陆性冰川流动速度快数倍乃至 10 倍。例如，贡嘎山海螺沟冰川冰舌中部（海拔 3550 米）的平均流速为 155.3 米 / 年，最大流速达 188.8 米 / 年；念青唐古拉山帕隆 4 号冰川最大流速为 86.3 米 / 年。而在大陆性冰川中，天山乌鲁木齐河源 1 号冰川流速为 7 米 / 年，祁连山七一冰川流速为 16 米 / 年，祁连山老虎沟 20 号冰川流速最大为 26 米 / 年。

中国的海洋性冰川主要分布在西藏东南部和川西滇西北地区，包括喜马拉雅山东段、念青唐古拉山中东段和整个横断山系。中国现代海洋性冰川面积约 1.32 万平方千米，占现代冰川总面积的 22%。

20 世纪 80 年代以来，中国的海洋性冰川总体处于退缩状态，冰川厚度减薄、运动速度降低、末端退缩、面积减小和储量减少。与大陆性冰川相比，海洋性冰川总体变化较大，如海洋型冰川末端变化幅度大于大陆型冰川。

梯　田

梯田指丘陵山坡地上沿等高线修筑的阶梯状田面或波浪式断面的田地。

◆ 简史

早在秦汉时期中国就有梯田。由于中国东南省份多丘陵而少适于种植水稻的平原。为解决粮食问题，迁徙而来的农民就构筑水平梯田，用一道道的堤坝保土蓄水种稻，既防止土壤流失又解决当地人粮食问题。但是基于梯田的粮食生产，其人力消耗和劳作辛苦程度远远超过平原地区，且对于丘陵生态环境破坏严重，所以传统梯田种植业生产正迅速减少。

◆ 分布

在中国，梯田主要分布在西北和华北丘陵地区和西北黄土高原区域，以及南方丘陵山区。南方丘陵和北方经济不发达地区，梯田分布曾经十分广泛，是农业生产的重要耕地类型。随着经济文化发展、生态保护意识加强普及、农村工业化和城镇化发展，进入 21 世纪后梯田规模及其在中国农业生产中的地位迅速下降。到 21 世纪 20 年代，一些交通比较方便、具较高观赏性梯田集中区正逐渐发展成新的农村生态文化休闲旅游景区。其中最著名的有哈尼梯田（云南）、龙脊梯田（广西）、紫鹊界梯田（湖南）等。

◆ **类型**

分为水平梯田、坡式梯田、反坡梯田、复式梯田、隔坡梯田和宽埂梯田等。

水平梯田。为保持水土、而将缓坡地（一般小于15°）改成水平的台阶式梯田。坡度一般小于15°。

反坡梯田。水平阶整地后坡面外高内低的梯田。田面宽较窄，一般为1.5～3米。长度视地形被碎程度而定。田埂外坡及内侧坡一般取60°为好。反坡面坡度视荒山坡度大小而异，一般为3°～15°。田面较窄时反坡度可大些，田面较宽时反坡度可小些。反坡梯田能改善立地条件，具有较强的蓄水、保土和保肥能力，适用于干旱、水土冲刷较重、坡行较平整的山坡地及黄土高原地区，但修筑较费工。

坡式梯田。山丘坡面地埂呈阶梯状而地块内呈斜坡的一类旱耕地。由坡耕地逐步改造而来。为减少坡耕地水土流失量，则在适应位置垒石筑埂，形成地块雏形，并逐步使地埂加高，地块内坡度逐步减小，从而增加地表径流的下渗量，减少地面冲刷。许多地方在边埂上栽桑植果，栽种黄花草等，既巩固了地埂，增加收益，又增强了水土保持效果。在条件许可时，坡式梯田应改造成水平梯田。

复式梯田。因山就势、因地制宜在山丘坡面上开辟的水平梯田、坡式梯田、隔坡梯田等多种形式的梯田组合。它的修建宜经过统筹规划，在必要条件下还可配合水平沟等水土保持工程，以提高坡面耕地的保水抗蚀能力。修建复式梯田可更合理地利用土地，节省工程投资和提高水土保持效益。

隔坡梯田。水平梯田与自然坡地沿地坡相同布置，即上一阶梯田与下一阶梯田之间保留一定宽度的原山坡地。此坡地也可做下一级水平梯田的集水区，水平梯田上种作物，坡地上种草集水。水平梯田与坡地两带宽度比一般为 1∶1。

宽埂梯田。又称软埝梯田。主要盛行于美国。系在相邻两软埝之间仍保留原来坡面，软埝的边坡和缓，形似波浪，便于机耕，适于在缓坡地上修建。

从地坎建筑材料角度看，梯田可分为土坎梯田、石坎梯田、草坎梯田及土石混合坎梯田。按种植利用情况，梯田可分为水稻梯田、旱作梯田、造林梯田、果树梯田、茶园梯田、桑园梯田和橡胶梯田等。

水平等高梯田

水平等高梯田指在丘陵山坡地果园沿等高线方向修建的条状台阶式园地。

梯田是一种防止山坡地水土流失的有效技术措施，其结构包括梯面、梯壁、边梗、背沟等。梯面是主要的果树种植区域；梯壁是相邻两个梯面之间的过渡部分；边梗修建于梯面外围，用于阻滞梯面水土流失；背沟修建于梯面内侧，用于汇集梯面雨水。

水平等高梯田可将丘陵坡地整理成局部平整的田地，水土流失控制效果明显，但费工较多。修建时，一般以等高线为中线，将上部的土壤下移，常修建成梯面内斜式。梯面的宽度要根据坡度大小、土层厚薄、栽培方式、投入成本等来确定。修筑梯田时要尽量将表层熟土单独放置，生土构建梯田骨架后，再回填表土。为增强梯田的水土保持能力，可在梯壁种植牧草、绿肥，以减少雨水冲刷。在梯面种植果树时，要加强土壤改良措施，种植穴深翻、增施有机肥料，以加快土壤熟化。

巴纳韦梯田

巴纳韦梯田指菲律宾吕宋岛北部伊富高省巴纳韦镇附近的梯田。

距菲律宾首都马尼拉 300 千米。面积约 400 平方千米。境内重峦叠嶂，梯田最高海拔 1500 米以上，气势壮观。梯田间的相对高差达数百米。面积大的梯田可达 2500 平方米，小的仅几平方米。梯田以石块砌成外墙，高者达数米，低者仅 1 米。梯田石墙总长达 22500 千米，可绕地球半周。巴纳韦梯田是菲律宾人古代文明的产物，早在 3000 多年前，当地的伊富高人在荆棘丛生的山坡上，开挖片片土地，铺垫沙砾和泥土，并运来石块修建石墙。在坚硬的岩壁上开挖水渠，并在山顶上挖塘蓄水，引水灌田，使稻田常年有水。现梯田已辟为旅游区，成为东南亚乃至世界的知名景点。

红河哈尼梯田

红河哈尼梯田指中国云南省稻作农业型山地梯田。

红河哈尼梯田位于云南省红河哈尼族彝族自治州哈尼族居住区的稻

作农业区。云南多山，南部与西
部尤甚；平原少，河谷深切形成
山高坡陡、少平地的自然环境，
当地居民因势修建了层层梯田，
以从事稻作生产，这种农作文化
尤以红河哈尼族彝族自治州的元

夏季哈尼梯田

阳哈尼族居住的村寨最具特色，也最典型。

　　这一带哈尼族居民的村落主要分布在哀牢山山体的中上部，为海拔
1500～1800 米的中北亚热带热量带。梯田分布在红河河谷中上部的台
地或支流的谷源的浅凹地中，地层为上古生界的杂色砂页岩，由于当地
气候为南亚热带半干旱高原气候，因冬季降水少而休耕。梯田在一年之
中颜色发生明显的变化，夏季呈绿色，秋季呈黄色，冬季呈红、兰、紫
等杂色；早晨日出时，梯田水面反射的光彩极为奇幻，形成其他地区少
有的景色。2013 年 6 月被列入《世界遗产名录》。

菲律宾水稻梯田

　　菲律宾水稻梯田是菲律宾的世界文化遗产。

　　菲律宾水稻梯田位于吕宋岛中央的科迪勒拉山脉沿线的伊富高省，
是世界上最大的人造灌溉系统，景色壮观美丽，被誉为"世界第八大奇
迹"。这里山势陡峭，梯田的外壁大多用石块砌成，梯田台阶般整齐、
错落有致。梯田面积小的仅 4 平方米，大的可达 2500 平方米。据测量，
最高的梯田在海拔 1900 米以上，与最低一层梯田的垂直距离为 420 余米。

这里的梯田自古用泉水灌溉，以竹筒将泉水引出，然后经过水闸，流往梯田，由高层到低层，层层不缺水。1995 年被联合国教科文组织作为文化遗产列入《世界遗产名录》。

其他类型田地

圩　田

圩田指将沿江、河、湖泊周边低洼易涝地区通过筑堤围出的农田。长江下游称"圩"，长江中游称"垸"，也统称圩垸。

◆　简史

中国太湖流域圩田最早约见于春秋中期，当时吴楚不断交兵，吴筑圩附于城，以抗御楚国。因据说吴王曾将此圩赐给了一位相国，故称"相国圩"。南北朝时期《常昭合志稿》载：梁大同六年（540）"低乡田皆筑圩，足以御水，而涝也不为患，以故常熟"。这也是江苏省常熟地名的由来。唐朝中期以来，太湖地区已发展成有规格布局的成片塘浦圩田。南宋以后，圩田发展到珠江流域及湖南、湖北等地。元代王祯《农书》认为圩田能"捍护外水，难有水旱，皆可救御"。中华人民共和国成立以后，人口快速增加，耕地资源日趋紧缺，在开荒种地的同时，沿江沿湖地区大规模地开展了围湖造田活动，其中大部分建成了旱能灌、涝能排的圩田。基本做法是在浅水沼泽地带或河湖淤滩上围堤筑坝，将田围在中间，将水挡在堤外。圩内开沟渠，设涵闸，有排有灌。圩堤多封闭式，亦有其两端适应地势的非封闭式。

进入 21 世纪后，生态环保理念日渐深入人心，部分地区因地制宜地开展了还田于湖的工程，有效地改善了生态平衡。

◆ 类型

中国的圩田主要分布在南方江、河冲积平原的沿江、滨湖地区，及受潮汐影响的三角洲地带。按其自然地理状况，圩区可分为 3 种类型：①滨湖圩田。主要分布在长江中游的洞庭湖、鄱阳湖周围和江汉平原一带，圩田范围大，堤身高，圩内湖荡多，沟港少，洪枯水位变化幅度大。②水网圩田。主要分布在长江下游、太湖流域及珠江三角洲一带，地势低洼，地下水位高，河网密布，圩区面积较小，堤身低，洪枯水位变化幅度较小，且受潮汐影响。③沿江圩田。主要分布在长江中下游两岸，地势低洼，圩区面积大小不一，汛期江河水位高于地面，时间长达 3～5 个月。自流排水困难，部分傍山近岗圩田，还受山洪威胁。

◆ 技术要点

圩田主要围垦自低洼平地，容易遭受洪涝灾害。高标准的防洪排水工程是圩田生产力的生命线和首要前提。圩田防洪排水工程措施主要有固圩、排水、滞蓄、控制地下水位等。

固圩

圩田分布区大多地势低平，降水颇丰，附近江河湖泊常需发挥流域行洪分流功能。所以圩田的堤坝需要经常加以维修、保养，洪峰来临时甚至还需要临时性增高加固，以确保农业生产和附近居民生命财产安全。

排水

为尽快排除暴雨产生的内涝水，圩田内必须建立完善的排水系统。

圩田排水通常采用自流排水和机电抽排两种方式。先充分利用圩内地形和圩区内外水位变化的有利条件，争取自流排水和高、低地分片排水，减少低地积涝。在傍山圩田还应沿山、圩分界线开挖撇洪沟，拦截山洪，避免洪水入圩。在高、低地片之间也可有纵沟相连，并建闸调控，使高、低地分片排水，或将高水引向低片抽排。圩田排水沟出口处应建立涵闸和提水泵站，暴雨时开启涵闸实现自排，当外水位高于田面时关闭涵闸，开机抽排。排涝泵站可同灌溉泵站结合建设，实现一机多用、一站多用。在 5 ～ 10 年一遇的排水标准下，圩区每平方千米的排水量为 0.3 ～ 0.8 米³/ 秒，抽排装机容量为 15 ～ 30 千瓦。

滞蓄

利用圩内沟、河、湖、洼水面临时滞蓄由暴雨产生的涝水。暴雨来临前，降低河网水位，以备滞蓄涝水，减少抽排流量。在建立圩内排水系统时，对原有湖洼水网不能随意废除围垦。在利用水稻田滞蓄涝水时，蓄水深度及蓄水时间以不超过水稻生育期允许的耐淹水深为限。

控制地下水位

当外河水位高于地面积水位时，降水径流排泄不畅，必须采取措施降低或控制圩内地下水位。常用的是明沟排水和暗管排水，利用圩田内的末级固定排水农沟和配套的田间墒沟网，以控制地下水位。排水农沟深 1.5 ～ 2 米，间距 200 米左右。在水旱田分界处也应挖隔水沟，沟深 1 ～ 1.5 米，以拦截稻田渗水。圩区暗管排水，暗管埋深一般为 1.2 ～ 1.5 米，比降为 1/1000，间距 8 ～ 16 米。

水 田

水田指筑有田埂（坎），可以经常蓄水，用于种植水稻等水生作物的土地。

◆ 简史

中国长江流域及广大南方地区流行水田耕作的原始农业可上溯至距今 7800 ～ 8200 年前的彭头山文化时期。彭头山遗址水稻遗存的发现标志着中国稻作农业早在距今 8000 年前后便已产生。中国的水田耕作历史与旱田耕作历史同样古老，在长江中游地区的新石器时代早期文化中，种植水稻已不是个别现象，水田耕作生产已形成习俗并开始流行。

公元前 5000 ～前 2000 年，长江流域和华南地区的水田耕作农业发展十分迅速。长江流域，继彭头山、皂市、城背溪农业文化之后，首先崛起的是下游地区的浙江余姚河姆渡和桐乡罗家角文化，中游地区的四川大溪文化紧追其后。河姆渡文化在余姚茅湖、鄞县（今鄞州区）辰蛟、宁波八字桥和舟山白泉等宁绍平原东部地区均有分布，大溪文化主要分布在四川巫山县城，湖北秭归朝天咀、宜昌杨家湾、清水滩、中堡岛、宜都红花套、古老背、枝江关庙山、江陵毛家山、蔡家台、松滋桂花树、公安王家岗，湖南澧县三元宫、丁家岗、安乡汤家岗等川鄂湘毗邻地区。这些遗址明显流行以水田耕作为主要生产习俗，且水稻种植业已达十分发达的水平。继河姆渡、大溪文化之后，嘉兴马家浜文化，京山屈家岭文化，余杭良渚文化，郧县（今郧阳区）青龙泉三期文化，江西山背文化，福建昙石山文化，广东石峡、陈桥、金兰寺文化，以及广西、云南、贵州等地的新石器晚期文化等长江流域和华南地区的大部分农业文化遗址，都普遍流行着水田耕作，并以种植水稻为主。

◆ **分布**

水田主要分布在年降水量 800 毫米以上，降水充沛，雨热同期，水源充足的热带、亚热带、温带地区。东亚、东南亚、南亚、东南亚季风气候区全年高温或夏季高温热量充足，灌溉便利的平原、盆地丘陵地区地形平坦，土层深厚，土壤肥沃，是水田的集中分布区。在中国地区，大片水田原先主要集中于长江中下游及以南地区，是水稻主要生产地区。1998 ～ 2019 年，中国南方 15 省级行政区水稻种植面积占全国比重从 87.7% 下降到 78.4%，减少了 9.3 个百分点。黑龙江水稻种植面积为江苏省的 1.75 倍，1998 年是江苏的 66.1%。

◆ **类型**

水田按水源情况分为灌溉水田和望天田两类。灌溉水田指有水源保证和灌溉设施，在一般年景能正常灌溉，用于种植水生作物的耕地。包括灌溉的水旱轮作地。望天田指无灌溉工程设施，主要依靠天然降水，用以种植水生作物的耕地。

◆ **土壤特性**

南方水田中的土壤称为水稻土。水稻土在种稻灌水期间，耕作层为水分所饱和，呈还原状态；在排水、晾田、秋冬干田季节，耕作层呈氧化状态。这种周期性的干湿交替过程形成了水稻土特有的物理、化学和生物性状。

水田淹水以后，pH 往往升高，氧化还原电势降低。在还原状态下，无机氮几乎全部以氨态氮存在，容易被土壤胶体吸附，不易流失，三价铁被还原为能溶于水的亚铁，锰也发生类似的变化，钾也有部分被铁、锰、铵等离子置换而释放出来，土壤中的有效磷和二氧化硅含量增加，有利于水稻吸收。且亚铁和硫化氢结合生成硫化亚铁沉淀，减轻了硫化氢的危害，对水稻生长有利。

但水田土在淹水缺氧的情况下，还原程度太强或还原状态时间太久时，有机质进行嫌气分解，产生多种有机酸，阻碍稻根的泌氧能力，则对水稻生长不利。还原性更强时，还会产生甲烷、硫化氢等有毒物质毒害稻根，严重时稻根发黑、腐烂、死亡。利用排灌技术、晾田、耕作等措施，使土壤对水分具有适当的渗漏性能，以调节土壤中氧化还原状态和土壤 pH，不断更新土壤营养环境，满足水稻生长发育对养分的需要。

渗漏性强的砂质稻田和活性铁、铝，以及含磷酸钙盐为主的水田（土壤中残留大量的有机质的例外），有效磷减少。此类稻田要在增施有机肥的同时增施磷肥，以满足水稻生长对磷素的需要。

砂　田

砂田指中国西北干旱地区用砂、石砾覆盖土壤表层以蓄水保墒、提高土温的免耕农田。

砂田集中分布在属大陆性气候，海拔较高，冬冷夏热，冬春干旱，夏秋多暴雨，年蒸发量远大于降水量的中国青海、甘肃一带地区。

砂田按使用年限长短分为新砂田、中砂田与老砂田，按有无灌溉条件分为旱砂田与水砂田，按砂石状况分为卵石砂田、绵砂砂田与破石砂田。旱砂田使用年限较长，20 年以下为新砂田，20 ～ 40 年为中砂田，

40 年以上为老砂田。水砂田年限较短，其中 3 年以下为新砂田，4 ～ 5 年为中砂田，6 年以上为老砂田。

砂田由于地面有砂、石砾层覆盖，既能渗纳雨水又可减少蒸发，从而可提高土壤的蓄水保墒能力。据测定，4 月份春旱时一般农田 30 厘米内土层水分为 6.37%，而砂田为 12.30%。砂田还可改善土壤的温度状况。白天接受太阳辐射时，砂石层有较好的增温效果；夜间由于砂石覆盖层阻隔土壤中热量的散发，下层土温一天内的变幅小于一般农田，从而有利于作物提早出苗，加快生长发育。砂田表层温度一天中的变幅却较大，白天温度高，夜间温度低，较大的昼夜温差有利于作物干物质的积累，提高产量和品质。因而，砂田小麦籽粒中蛋白质的含量和瓜类果实中糖的含量都高于一般农田。另外，砂田对于防止土壤的风蚀和水蚀，降低盐碱，减少病虫草害，也有重要作用。

长期种植作物后，砂、土逐渐混合，丧失砂田效果，称为砂田老化。故砂田经一定年限之后要铲除老砂，重铺新砂石。播种时，谷类作物可用砂田播种耧将种子播入砂石层下的土壤表面；蔬菜、瓜类作物则须挖穴扒开砂层，点种后覆盖。播量可少于一般农田。对种蔬菜、瓜类作物的水砂田，每年应按穴距扒开砂石施肥；对种谷类作物的旱砂田，一般在中期以后才施肥。砂田栽培时起砂、铺砂的劳动量较大，施肥也较困难。但收获时拔除秸秆、茎蔓，不留残茬，没有一般免耕农田因残茬覆盖而产生有毒物质、地温降低和病虫害增加等弊病，故是一种特殊的免耕农田。

专类公园

动物园

动物园指按照科学方法，搜集并饲养各种野生动物（非家禽、家畜、宠物等家养动物），供公众观赏，提供科学普及和对公众进行动物保护宣传教育，并可进行野生动物的生态习性、遗传分类、驯化繁殖、疾病防治、迁地保护等相关科学研究的场所。

在绿地系统中，属于公园绿地中的专类公园。广义上的动物园，也包括水族馆、专类动物园等类型；狭义上的动物园指城市动物园和野生动物园。动物园的基本功能是通过公众的游览，寓教于乐，提供生物多样性保护知识，进行动物保护教育，并开展野生动物的综合保护和科学研究。

◆ 发展情况

动物园的发展经历了从私人观赏到公共观赏，从圈养、笼养到场馆式展出，再到半开放式饲养以及全开放式散养的过程。不同时期、不同地域和不同的社会、经济条件，制约着动物园的发展与演化。最早的动物园雏形是古代皇族们将从各地搜集的珍禽异兽圈养在皇宫里，供其观赏。早在公元前 4500 年的两河流域就有鸽子被笼养的历史记载。古埃及法老图特摩斯三世曾派人搜罗珍禽异兽，而他的继母哈特谢普苏特女王还曾派遣远征队捕获各种动物，包括猴子、美洲豹、各种鸟类、野牛等，甚至还有长颈鹿，带回供观赏。在中国，商纣王曾为妃子妲己修建了一座大理石的"鹿苑"。据《诗经·大雅》记载，周文王更是在酆京（今陕西西安沣水西岸）兴建灵台、灵沼，自然放养各种鸟、兽、虫、鱼，并在台上观天象、奏乐。而后的漫长岁月里，大型皇家宫苑中时常会辟有狩猎游乐的部分，而蓄养收藏珍禽异兽不仅可供玩赏，也是统治者权势的象征。

古希腊则是从认知自然的角度对动物进行收集研究，亚里士多德曾撰写《动物的历史》。古罗马亚历山大大帝对动物知识也表现出浓厚的兴趣，他甚至不忘在征战中搜集各种动物。古罗马时期，动物——主要是猛兽则成为斗兽场的主角，变成残酷游戏的牺牲品。

中世纪时期，动物园发展进入低谷。直到 1333 年，法国的菲利普六世在巴黎卢浮宫举办了一次动物展，使得动物收藏又开始成为时尚。而几乎同一时期，中国元朝忽必烈的行宫里建成了饲养大量野生动物的皇家"动物园"。

欧洲文艺复兴为探险家们提供了许多机会去到遥远的国度带回丰富的动物品种，并在宫殿和城堡里展出，客观上促进了动物园及相关的动物学、动物学教育的发展。但直到 18 世纪，动物还只是上流社会的玩物。随着世界各地社会变革的兴起，贵族权势的消退，动物的收藏和展示才逐渐大众化，并出现了一些具有初步组织性的"笼养动物园"。英国的亨利三世建立了"皇家动物园"，将许多动物关在特制的笼子里摆在伦敦塔外供其他贵族参观。法国的路易十四在他所有城堡和行宫都建有动物园。而最好的笼养动物园则是由印度莫卧儿王朝的皇帝阿克巴（1542～1605）建立的。近代动物园始于1752年奥地利维也纳皇宫内建立的皇家动物园，从1765年对公众开放至今仍经久不衰。19世纪，随着动物学和其他自然科学的发展，动物园开始在全世界相继开放，英国于1828年在伦敦摄政公园成立了第一家现代动物园——摄政动物园，不仅为游人提供展示，还致力于研究这些野生动物的习性特点。当时的动物园已经开始依据科学分类对动物进行组织和饲养，并使动物园成为城市居民的休闲娱乐场所。20世纪初，世界范围内的动物园建设不仅在规模、动物种类和数量、饲养展示条件等方面有了很大的进步和提高，还进一步受到国家科学研究机构和私人财团的重视和资助，在科学研究领域有了更多的投入。

◆ **动物园分区**

现代动物园一般按照动物生态习性进行分区饲养和观赏，如食草动物、食肉动物、猿猴类、鸟类、两栖动物类等。大型动物园还会按照全球不同地理分布对动物进行分类展示，如欧洲区、美洲区、非洲区、亚洲区等。也有些动物园将两者结合进行布置。随着人们对动物科学和生态学的不断研究，动物园的设施也从一般的笼舍场馆逐渐进化为模拟动物生长的自然环境而设计的室外、半室外场馆空间，并不断和特有的植物、地形、水体，甚至自然气候环境（如极地动物园、热带动物园等）

相结合，利用各种设计手段以及有保护设施的游览车等让游人可以近距离走进动物生存环境，进行"浸入式"的参观体验。各国动物园及动物保护组织以自然保护区和动物园为基地开展越来越频繁的交流与合作，为增进全球动物保护与研究提供了更好的条件。进入 21 世纪，国际动物园园长联盟（International Union of Directors of Zoological Gardens；IUDZG）和圈养繁殖专家小组（Conservation Breeding Specialist Group；CBSG）制定了"动物园发展战略"，提出了动物园和水族馆的自然保护目标：支持濒危物种及其生态系统的自然保护工作；为有利于自然保护的科学研究提供技术支持；增强公众的自然保护意识。

◆ 中国动物园

中国最早的动物园是始建于 1906 年的北京"万牲园"，原是晚清三贝子花园，当时仅占地 1.5 公顷，建有兽亭、虎舍、鸟室、水禽舍、象房等建筑，还有鸟兽标本陈列馆，后改为北京动物园。现全国大中城市基本都建有独立的动物园，或在公园内开辟园中园、动物展区。据中国动物园协会 2006 年统计，其会员单位已达 212 个，其中园中园占比为 55%，动物园为 29%。中国较为重要的大型动物园有北京、上海、广州、天津、哈尔滨、西安、成都、杭州、武汉等直辖市及省会城市的动物园。中国现有的一、二级保护动物 985 种，动物园饲养着其中 200 余种。此外，随着旅游业的持续发展，全国各地陆续建成一批面积较大，

北京动物园正门

以散养为主的野生动物园,包括广州长隆野生动物园(该园还率先开辟了夜间动物园)、上海野生动物园和北京大兴野生动物园等,它们和一批高水准的水族馆、海洋世界、极地动物园等共同成为颇受欢迎的旅游目的地。

当代及未来的动物园在社会中扮演着重要角色,它们不仅是公众休闲娱乐的场所,更承担着环境教育、保护濒危物种,以及开展动物研究等相关使命,为人们更好地认识和保护地球复杂的生态系统提供有力的支持。

植物园

植物园指按科学规则收集、展示、保存、记载和标记不同种类的植物,以供科学研究、公共游憩及科普教育的场所。

在绿地系统中,属于公园绿地中的专类公园。当代植物园不仅保持了传统植物园在引种驯化、保护繁育等方面的重要功能,还通过模拟不同气候带的自然植物群落,有针对性地建立辅助棕地修复、水体修复的植物群落等方面的尝试,起到改善生态环境和示范园林绿化新技术、新趋势的综合作用,并结合艺术性的造园手法,展现出优美的园林景致,发挥公园绿地的综合作用。

◆ 发展情况

植物园的发展与人类对自然界及植物的认知息息相关,经历了从生产生活向科学与游赏相结合的发展历程。中国的上古先民很早就在与自然的长期接触中掌握了丰富的植物知识,从传说中的中华民族始祖之一炎帝神农氏尝百草，到史籍记载的距今 2000 多年的秦汉上林苑中搜集种植的 2000 多种奇花异卉，一直到历代的皇家、私家园林，都有着搜集、种植甚至引种、杂交、繁育植物新品种等优良传统。而西方早期植物园则多是起源于两种园林，一种是栽培药用植物、食用植物、香料植物等实用植物类型的庭园，如栽植椰枣、葡萄等果树的古埃及庭园和种植药用及食用植物的中世纪修道院庭院。另一种则是与中国古典园林中观赏性的植物收集与展示类似的西方古典花园与庭园。

现代植物园的产生可以追溯到文艺复兴时期的意大利。16 世纪，随着植物科学的进步，人们对系统认知及可持续利用植物的强烈需求，直接促进了植物园的创立。在此期间建立的意大利比萨大学植物园和帕多瓦植物园，被认为是世界上最早的科学性质植物园。但那时的植物园规模有限，且主要以药草园的形式存在，承担着药用植物收集和研究功能，并作为辅助大学与相关机构的植物学、医药学教学的场所。

17 世纪至 19 世纪中叶，随着第一次工业革命的兴起，科学技术有了飞速进步，欧洲许多传统植物园开始从药圃转变为现代意义上的植物园，并被赋予展示植物学研究新成果等功能。19 世纪后，由于资本主义的全球贸易进一步扩张，植物园在全球植物种质资源开发，尤其是经济植物的发掘方面起到新的作用。而随着城市公园的快速发展，植物园在游赏和娱乐方面的功能也开始受到重视。19 世纪中后期，诸多有目的的植物收集活动促成了一大批著名植物园的诞生，如英国的邱园和美国的哈佛大学阿诺德树木园等。这一时期的植物园建设也奠定了今天植物园的诸多基本功能和规划设计原则。

◆ 中国的现代植物园

1934 年 8 月 20 日成立的庐山森林植物园是中国最早的现代植物园之一，由中国植物学家胡先骕、秦仁昌和陈封怀共同创立，后更名为庐山植物园。该园成为中国植物科学引种与研究的先驱。另外，由日本人创建于 1915 年的辽宁省果树科学研究所熊岳树木园（1945 年后收归国有）、1929 年为纪念孙中山所创立的中山陵园纪念植物园，以及 20 世纪 50 年代创立的杭州植物园，也都属于中国建园较早的现代植物园。

成立于 2013 年的中国植物园联盟（今更名为中国植物园联合保护计划），是在中国科学院、国家林业局、住房和城乡建设部支持下，由中科院植物园工作委员会联合中国植物学会植物园分会、中国公园协会植物园工作委员会、中国野生植物保护协会迁地保护委员会、中国环境科学学会植物环境与多样性专业委员会、中国生物多样性保护与绿色发展基金会植物园工作委员会以及东亚植物园网络共同倡议，并按照自愿参加的原则，各植物园（树木园、药用植物园）间开展战略合作的公益性组织，现已拥有 125 位成员，其中包括中国著名的植物园，如国家植物园、上海辰山植物园、中国科学院华南植物园、中国科学院武汉植物园、中国科学院西双版纳热带植物园、江苏省中国科学院植物研究所、杭州植物园、中国科学院深圳仙湖植物园等。

国家植物园

历史名园

历史名园广义为历史悠久、知名度高的园林；狭义为《城市绿地分类标准》（CJJ/T 85—2017）所定义的"能体现一定历史时期代表性的造园艺术，需要特别保护的园林"。

在绿地系统中，历史名园属于公园绿地中的专类公园类别。历史名园与古典园林、传统园林在概念内涵上既有重叠也有差异。古典园林与古代园林概念相近，与近现代园林相对，强调营建的时期；传统园林强调园林创作过程的思维与建成风格；历史名园作为需要保护的绿地类型，强调园林的历史文化价值和本体的真实性、完整性。1982年发布的《佛罗伦萨宪章》中指出"历史园林作为文明与自然的直接关联表征，具有理想世界的重大意义，也是一种文化、一种风格和一个时代的见证"。中国的历史名园有颐和园、北海公园、景山公园、拙政园等。

总体而言，历史名园通常具有如下特征：①历史悠久并有物质环境的真实存在。②具有较高的历史价值和艺术价值。③具有生命力，其兴衰演变与自身环境、历史背景、人类行为紧密相连。④具有一定知名度，在现代社会中保持功能的发展和维持。

遗址公园

遗址公园指在保护遗址本体及其自然环境、历史风貌的基础上，利用遗址本身特点建造的具有特定文化内涵、供公众游憩和观赏娱乐的园林。

在绿地系统中，遗址公园属于公园绿地中的专类公园。

根据所依托遗址的不同类型，可以将遗址公园划分为城池类遗址公园、园林类遗址公园、寺庙类遗址公园、陵寝类遗址公园、作坊类遗址公园、设施类遗址公园等。遗址公园具有科学性、可持续发展性、主题专一性和文化传承性四个特点。相较于遗址博物馆、遗址展示区等保护模式，遗址公园是对遗址本体破坏较少的一种遗址保护和利用方式。例如元大都城垣遗址公园、三星堆国家考古遗址公园等。

遗址公园的规模与遗址面积及其区位相关。遗址公园范围内必须包含集中体现遗址价值的核心部分、区域及相关内容。为了保障遗址的真实性和完整性，遗址及周边反映其历史风貌的部分都应该纳入保护范围并得到妥善保护。为平衡保护和利用遗址之间的关系，根据保护力度不同，将遗址公园分为核心区、缓冲区、过渡区。遗址公园的功能区主要包含遗址展示区、管理服务区和预留区。遗址展示区是遗址公园的核心区域，主要对遗址及其周边环境进行展示，仅限于空间位置、形制和内涵基本明确的遗迹分布区域；管理服务区主要为公园配套设施分布区域，一般分布于遗址展示范围之外，以减少对遗址的影响；预留区主要为考古工作不充分或暂时不具备展示条件的区域，预留区以原状保护为主，不开

中国杭州植物园木兰山茶园

中国上海植物园盆景园

展干扰遗址本体及环境的建设项目。遗址公园的交通组织坚持最小干预原则，根据阐释与展示结构，合理体现遗址整体布局并组织交通系统，保证遗址展示区的可达性和遗址公园的服务质量。遗址公园内的设施分布应以满足最低功能需求为原则，严格控制设施数量和规模，淡化设计，确保遗址本体和周边环境的真实性和完整性。

重点展示特定生境的专类植物园。以特定生境的展示为选择植物与造景的基础，形成诸如盐生植物园、湿生植物园、岩石园、阴生植物园等特殊的植物园。早在17世纪的法国巴黎自然历史博物馆植物园和18世纪的英国邱园，就已有按照各种生态环境配置了药用植物园、岩生植物园。中国则在1934年建立庐山植物园时首次创建了岩生植物园。

重点突出某一观赏特性的专类植物园。以植物的某一突出观赏特性为主题而创建的，包括植物的叶色、气味、特殊形态等，如芳香植物专类园、盆景园等。

重点展示植物经济价值及相关应用的专类植物园。早期东西方都有专门栽培药用植物的传统药草园，发展到今天，已经从药用植物拓展到纤维植物、油脂植物、蜜源植物、香料植物、栲胶植物等多种多样的经济植物专类园。该类植物园不仅可以承担一定的生产服务功能，也可以游览参观，甚至给游人提供体验加工、制作相关的产品。

儿童公园

儿童公园指单独设置的儿童游戏和接受科普教育的活动场所。

在绿地系统中，儿童公园属于公园绿地中的专类公园。

儿童公园能满足不同年龄儿童的需要，有良好的绿化环境，可供儿童游戏，以及开展科普、文体活动，并具有安全和完善的设施。按照相关规范，儿童公园面积宜大于 2 公顷，绿化率宜大于或等于 65%。

早期的儿童公园由儿童游戏场所发展而来，最早可追溯到 18 世纪中叶的欧洲，随着城市居住区绿地与城市公园的发展，到 20 世纪才出现专门的儿童公园。中国也在借鉴欧美等国家经验的基础上，进行了儿童公园创新性探索。其性质和内容也从最早的满足娱乐功能，以固定设施的砌筑和单一游戏场地的建设，逐渐走向更加贴近儿童心理特

中国广州市儿童公园

点，注重寓教于乐，结合各种参与式、互动式设施，以及亲切自然的绿色环境，激发儿童的自主能动性、创造性、想象力和探索、合作精神，从身心健康角度引导和提升儿童素质。

主题公园

主题公园指围绕一个或多个主题元素进行组合创意和规划建设，采用现代科学技术和多层次活动设置方式，集诸多娱乐活动、休闲要素和服务接待设施于一体的一种专类公园。

主题公园同时也是一种旅游产品和现代旅游目的地形态。与传统意义上的城市公园、风景名胜和人文古迹不同，主题公园更加强调参与性和游乐性，追求现代化和高科技，强调投资回报率，因此多由社会资金建造和企业经营管理；另外，由于其内容丰富，规模较大，且具有吸引大量游客的要求，主题公园大多兴建于大城市及其周边。

主题公园起源于早期的游乐园，其前身最早可追溯到古希腊、古罗马的角斗场、竞技场，人们在那里参加诸如射箭、狩猎等休闲娱乐活动。随着城市的发展，人的聚集区域与自然资源或历史遗产在区位上逐渐形成分离，并且在进入工业社会和后工业社会以后，人们对于娱乐的心理需求日渐显著，于是具有景观再造和文化振兴作用的主题公园便应运而生。

一般可按照投入资金的数额以及占地面积的大小，将主题公园分为小（微）型主题公园、中型主题公园和大型主题公园 3 类。

1955 年 7 月，由 W. 迪士尼（Walt Disney）在美国南部加利福尼亚州创建的迪士尼乐园落成，这是世界上第一个具有现代意义的主题公园。20 世纪 50 年代以来，世界范围内先后建成了 200 多个大型主题公园和上千个中型主题公园。

迪士尼乐园

20 世纪末，中国开始学习模仿国外建成的主题公园，在北京、上海、广州等几个国内主要城市进行建设探索。进入 21 世纪后，随着中国经济的高速发展，主题公园作为一种旅游产品，在中国各地被迅速推广。

雕塑公园

雕塑公园指将雕塑创作与园林设计相结合,在展示雕塑作品的同时,满足人们游憩活动的文化专类公园。

作为一种公园绿地类型，雕塑公园建设需要满足的基本要求有：①满足公园设计规范中对专类公园的基本要求，如绿化占地比例宜大于或等于 65%，具备必要的游憩活动设施等。②雕塑作品是雕塑公园游览内容的主要内容，不仅要达到一定的规模，而且要具备较高的艺术水准，能够成为公园文化建设的主体表达要素。③公园既是游憩活动的空间境域，也是展示雕塑作品的环境场所，只有园林空间与雕塑作品的相辅相成、有机结合，给人以园林美和艺术美的享受，才能创造出和谐统一的整体作品。④雕塑的体量往往要比公园的规模小很多，应在雕塑作品周围营造出适宜的空间环境，形成公园游憩空间和雕塑展示空间之间的过渡，丰富雕塑公园的空间层次，避免雕塑作品的体量与园林空间的尺度不协调。

在园林中设置雕塑的传统源自欧洲，希望借此创造出神与人合一的人间天堂。在古希腊宙斯神庙的圣林中，就布置有小型祭坛、雕像、瓶饰和瓮等。在古罗马皇帝哈德良的山庄中，围绕着花园、运河布置了大量来自希腊或希腊化时代的雕像。这些雕像设置在柱廊中，或者与柱廊的柱式相结合。在意大利文艺复兴园林和法国古典主义园林中，大量的雕像给人以精美的艺术感受，无论其审美功能还是摆放形式，都接近于现代雕塑公园。

真正意义上的雕塑公园产生于近代出现的户外临时雕塑展览，为了将雕塑作品放置在某地永久性展出，雕塑家们开始思考雕塑作品与景观环境的融合问题。建于1910年的挪威维格兰公园（Vigelang Park）是世界上公认的现代雕塑公园的重要过渡形式，园中有青铜或花岗岩制作的190多组雕塑和650多件浮雕作品，它们散置于园中却又彼此相互联系。此后，雕塑公园逐步发展成熟，不仅产生了雕塑公园的分类体系，而且出现了博物馆雕塑花园、大型雕塑公园、雕塑之径等不同的展示形式。

1984年，中国第一座雕塑公园——北京石景山雕塑公园落成。50余尊雕塑作品散布在树木草坪、亭台水榭之中，展现了园林艺术与雕塑作品相互映衬的公园特色。

随着现代艺术的发展，雕塑公园建设开始寻求从展示雕塑作品到将公园本身作为雕塑作品，以及雕塑与公园一体化的方向转变。美籍日本裔雕塑家野口勇在其创作的莫埃来沼公园（Moerenuma Park）中，利用玻璃钢金字塔、钢骨架三角锥和圆丘形土台等元素，使整个公园看上去像一个巨大的卫星天线。而当鸟瞰整个公园时，

莫埃来沼公园中的钢骨三角锥与土台

这片场地给人的感觉与其说是公园，更像是秘鲁纳斯卡沙漠中的古老线条画。

现代雕塑公园已广泛出现于平原、高山、海岸等多种地貌之上，辽阔的空间和多变的自然环境使雕塑艺术向融汇自然风景、借用自然因素的方向发展。

纪念性公园

纪念性公园指以颂扬纪念杰出历史人物、革命活动发生地、革命伟人及有重大历史意义事件而建造的公园。

纪念性公园具有供后人瞻仰、怀念、学习功能，以此寄托深厚的情感等，同时还具有游览、休息和观赏等功能。在绿地系统中，属于公园绿地中的专类公园。

纪念性公园是人类纪念情节物化于园林的一种形式，它不同于纪念性建筑和纪念性雕塑，是一个更综合的概念。其中包含了建筑、雕塑等人工因素和山水、植物等自然因素，并且功能也较复杂，更加需要强调整体统一和有机组合。纪念性公园是开展纪念活动的一种媒介，也不同于普通的公园。它把精神功能放在首位，要求有较高的艺术表现力。纪念性公园的特殊性在于历史文化建

中国南京雨花台烈士陵园景观

筑多具有思想性、永久性和艺术性，需要保存延续和稳定，不适宜随意性地变更。纪念性公园可分为纪念具有重大意义的历史事件、纪念革命伟人、纪念牺牲的革命烈士等，通常具有风格独特的历史建筑和人文景观，布局多采用规则式，如南京雨花台烈士陵园、广州黄花岗七十二烈士陵园、上海鲁迅公园等。

生态公园

森林公园

森林公园指有一定面积的森林或林地，可开展多种森林游憩活动、提供较长时间游览休息的境域。

森林公园具有满足游憩需求、资源和生物多样性保护、科学普及与教育、自然研究等功能。森林公园通常选择风景优美、面积较大的市域内林地改造而成（如上海共青国家森林公园），也可选择虽远离城市但

北京城市绿心森林公园

森林资源丰富、风景特质显著的天然林地，以保护优先、科学规划、适度合理利用为前提建立森林公园（如神农架国家森林公园），还可以根据国土空间规划和生态功能区建设需要经科学规划建设森林公园。中国森林公园分为国家级、省级和县市级3级，截至2019年2月，已建立国家级森林公园897处。

湿地公园

湿地公园指具有一定规模和范围，以湿地景观为主体，以湿地生态系统保护为核心，蕴含一定文化或美学价值，可供人们进行科学研究和生态旅游，予以特殊保护和管理的湿地区域。

湿地公园具有湿地保护与利用、科普教育、湿地研究、生态观光、休闲娱乐等多种功能，以保护湿地生态系统的完整性及湿地生态过程和生态服务功能的正常维护为目的，并能在此基础上充分发挥其多种效益。

湿地公园根据湿地的类型、成因、主要功能等，具有以下几种分类形式：①根据湿地的类型划分，可将湿地公园划分为滨海湿地公园、湖泊湿地公园、沼泽湿地公园、河流湿地公园。②根据湿地的成因，可将湿地公园分为天然湿地公园和人工湿地公园。天然湿地公园是指利用原生态天然湿地进行景观营建和开发所建设的湿地公园，通常湿地面积较大，属于大规模湿地公园。人工湿地公园是通过人工湿地的营建或模拟自然湿地进行建设而建的湿地公园。③根据湿地公园的主要功能，湿地公园可主要划分为自然保护类、水生态保育类、休闲公园类和废水回用类4种类型。自然保护类湿地公园是利用原有自然湿地生态保护区，以生态保护为公园营建核心，在此基础上完善基础设施。原有自然要素较多，尽量保持原有自然特点，保护自然资源环境和生态环境，保持湿地生态系统的完善和稳定性，可适当设置科研科普区、游览休憩设施等。水生态保育类湿地公园是利用各类原有自然或人工水体经过改扩建而成。主要以原有水体作为此类湿地公园的基址，保护水体的水源及水质。休闲公园类湿地公园是在水景公园中对原有的湿地区域进行改造和利用，以休闲娱乐功能为主，湿地景观仅属于其中部分景观内容，用于展示和观赏。废水回用类湿地公园是以污水、废水修复和恢复为主要目的，同时进行景观建设，展开休闲娱乐等活动的公园。

滨水公园

滨水公园指位于城市重要节点，与海、江、河等水域相接，向公众开放的公共区域。

在绿地系统中，滨水公园属于公园绿地中的生态公园。

滨水公园由水域、水际线、陆域三部分组成，是"滨水空间"和"公共绿地空间"两个体系综合联系的产物。它是城市滨水生态和城市生活的重要载体，担负城市的复杂活动（政治、经济、文化）和多种功能。因为有水的存在，滨水公园与城市公园相比较更加强调了水的重要性，水孕育了城市和城市文化，也塑造了该地区居民的精神风貌和地域特色。

滨水公园可分为三种类型：①历史文化型。以历史文化观光、历史教育为主要目的。典型代表有以城市河流、湖泊为主的滨水公园，以历史文化景区为主的文化教育类滨水公园，还有一些靠近河流而建的城市历史城墙或历史遗址为主的滨水公园。这种公园在丰富城市景观类型、传承城市历史文脉等方面发挥了巨大的作用。②生态环保型。在生态上具有重要意义的滨水带状绿地和湿地，主要以自然栽植为主，辅助人工栽植。用以保护城市生态环境和生物多样性，恢复生态污染遗址，提高市区环境质量等的一类滨水公园。③休憩娱乐型。以供人们开展散步、骑自行车等运动为主和供市民参加户外的演出和商业活动、亲水活动、休闲游玩为主的一类滨水公园。

本书编著者名单

编著者 （按姓氏笔画排列）

王 玏	王 勇	王长路	王祖烈	尤联元
艾南山	石晓丽	石铭鼎	叶 枫	叶春海
朱华晟	朱孟春	伍永秋	任炳辉	刘佳青
刘峰贵	汤奇成	孙 盼	阴帅可	杜 雁
李 睿	李子君	李荣生	李勋贵	李素英
杨 锐	杨勤业	吴关琦	吴沛丽	吴殿廷
邹元春	邹逸麟	沈灿燊	陈培安	苟俊华
林 岚	林长春	卓荻雅	罗 静	金凤君
郑顺林	胡宝清	钟建安	侯慧粦	俞康宰
施雅风	姜 明	姚作林	骆培聪	秦 雷
夏 欣	高 翅	高梦瑶	唐承丽	宾津佑
黄婷婷	黄漪平	梅再美	第宝锋	蒋梅鑫
舒晓波	童亿勤	童琳琅	温仰磊	裘鸿菲